IT時代の人間関係とメンタルヘルス・カウンセリング

増補版

小川憲治　著

川島書店

まえがき

21世紀を迎え，世の中はインターネットや携帯電話（スマートフォン（スマホ））に代表されるいわゆる“ＩＴ時代”になりつつある。我々の生活がコンピュータや情報通信技術（ＩＴ）の発展と急速な普及と共に便利になっていくのは喜ばしいことではあるが，同時に大切なものを失いつつあることも忘れてはならないであろう。我々人間の社会生活や人生は本来両義的であり，何かを得れば同時に何かを失っているのであるが，そのことに気づいていない人々があまりにも多いのではないだろうか。

筆者が何よりも気になるのは，現代社会（情報化社会）に生きる人々の人間関係（対人関係）の病理（関係の希薄化もしくは自閉化）であり，それによってもたらされる心身の病理である。今から約30年前の1986年，私は1970年以来約16年間コンピュータ企業，ＩＴ企業で働いてきたコンピューターシステムエンジニア（ＳＥ）の仕事を自ら辞し，社会人入試で，思いもかけなかった大学院生となった。コンピュータ社会の光と影という両義性に着目し，主にその影の部分である「人間関係の病理としてのテクノストレス」についての学習と研究に明け暮れた。その問題意識は苛酷なコンピュータ労働に首までどっぷり浸かった中で，「何かがおかしい」と身体で実感していたものであったが，当時ははっきりしなかった。それを明確なものにさせてくれたのが，（“現象学的人間関係学”の創始者と言っても過言でない）大学院の指導教授故早坂泰次郎先生であり，先生が読むようにすすめて下さった，Ｅ・フロムの『正気の社会』，『希望の革命』，『人間における自由』などをはじめとする著作であった。2年間の大学院での学習と研究の成果をまとめた修士論文に加筆修正を加えたのが拙著『「コンピュータ人間」――その病理と克服』（勁草書房，1988年）である。

その後合計5年間の大学院生活を経て，1991年に「臨床心理士」の資格を修得し，臨床社会心理学，現象学的人間関係学の道に転じた。その後17年間，

ii

信州上田にある長野大学社会福祉学部（当初は産業社会学部）社会福祉学科で，心ある仲間と共に，卒業後福祉の現場で相談援助や心のケアができる人間味あふれる専門職を育てる教育活動に力を入れてきた。また，臨床心理士として民間相談機関での登校拒否児とその両親の心理臨床（カウンセリング），大学での学生相談，企業での管理職相談・産業カウンセリング，対人関係のトレーニングや研修などにも携わってきた。還暦を迎えた 2007 年からのこの 10 年間は，東京工業大学学生支援センター電話相談デスク臨床心理士，神奈川産業保健総合支援センター産業保健相談員，社会福祉法人さくら草特任スーパーバイザー・臨床心理士として，学生相談，産業保健相談，メンタルヘルス・カウンセリングなどの活動に従事してきた。

　本書は筆者がそれらの活動を通じて痛感してきた人間関係の病理現象やメンタルヘルス・カウンセリングに関して書き溜めてきた研究ノートと小論文に加筆修正を加え編集したものである。今回増補版を出版するにあたり，新たに研究ノート（序章）と小論文（9 章）の二編を追加した。（読者が関心を持ったどの章から読み始めていただいても良いように，各章ごとに独立したオリジナルの文章を尊重し，論文集の形式をとった。そのため各章間に大分内容の重複が生じてしまったが，その点はお許しいただきたい）。

　この 30 年間，ワープロ，パソコン，インターネット，携帯電話，スマートフォン（スマホ），ヘッドホンステレオ，ＴＶゲーム，カラオケボックス，コンビニエンスストア，ファーストフードなどの急速な普及により，人々の生活が急激に変化すると共に，登校拒否，引きこもり，家庭内暴力，ドメスティックバイオレンス，幼児虐待，老親介護の悲劇（心中やシルバーハラスメント）などの家庭児童問題（家族関係や育児問題），エスカレートするいじめ，学級崩壊など学校教育問題の深刻化，一見普通な青少年や子育てに悩む母親や父親による犯罪，青少年，企業戦士，独居老人の自殺，過労死，ストーカー，摂食障害，アルコール依存，うつ（鬱）病などの精神病理の増加，新興宗教の隆盛と破綻，地域社会の崩壊（地域住民相互の協力関係や連帯の喪失）などの社会現象，人間現象が激増してきた観がある。それらの問題の根底には，現代社会に生きる人々の人間関係（対人関係）の病理，人間性の喪失，感性の鈍麻が色濃く横たわっているような気がしてならない。全く八方塞がりのため息の出る

ような状況である。

　しかしため息ばかりはついていられない。人間関係（対人関係）の病理や深刻化する家庭児童問題や教育問題の克服，人間性の回復，感性の覚醒，実存の覚醒，地域社会の再生，再構築に向けて何をすべきか，ＩＴ時代に生きる我々現代人一人ひとりが真剣に考え行動を起こしていかなければなるまい。これからも心ある方々と共に，山積するこうした問題と取り組んでいきたいと思う。本書が多少なりともそのきっかけになれば幸いである。

小川 憲治

目　　次

まえがき　*i*

序　章　急速なスマホの普及の功罪 ……………………………… 1
　　　　──さまざまな便利さの享受に伴う、友人や家族との豊かな会話や
　　　　孤独な時間を享受する機会の減少──

第1部　IT時代の人間関係とメンタルヘルス ………… 15

1章　IT時代の人間関係 …………………………………………… 16
　　1　変貌する人間関係 ──つながりだけの自己中心的な人間関係の蔓延── 16
　　2　家族関係や友人関係の変貌 18
　　3　携帯という罪作りなメディアの普及がもたらしたもの 21
　　4　おわりに 23
　　　　＜参考資料1＞　講座「人間関係学入門」 26

2章　「自閉的世界」に生きる現代人 ……………………………… 30
　　1　ワープロをインプットしながら話がうわのそらのWさん 30
　　2　ウォークマン騒音傷害事件の意味するもの 32
　　3　テレビゲームやコンピュータの世界への没入傾向を考える 35
　　4　ファミコンマニアの登校拒否児の事例を通じて 37
　　5　おわりに 39

3章　情報化社会の人間関係とメンタルヘルス …………………… 41
　　　　──コンピュータ技術者の生きる世界──
　　1　はじめに 41
　　2　方法論的検討 42
　　3　調査研究の方法と調査結果 43
　　4　調査結果の考察 48
　　5　今後の課題 51

目　次　*v*

第2部　相談援助（カウンセリング・ソーシャルワーク）の現象学 ……… **53**

4章　相談援助の現象学Ⅰ ──クライエントの生きる世界の理解── ………… **54**

1　相談援助活動の特徴と方法論上の問題点　*54*

2　社会福祉分野での相談援助理論の方法論上の問題点　*55*

3　クライエント理解の方法論的考察　*57*

5章　相談援助の現象学Ⅱ ──クライエントの生きる世界とその変容── …… **69**

1　クライエントの生きる世界とは　*69*

2　人間の生きる世界の変容とは　　*71*

3　クライエントの生きる世界の変容を促す関わりとは　*74*

4　面接技法（相談援助の技法）の考察　　*76*

＜参考資料２＞　クライエントの体験世界の変容例　*81*

6章　アニメビデオ，パソコンなどにのめり込んだ青少年の対人 ……… **83**
　　　関係の病理とその克服

──登校拒否児Ｎ君家族とのカウンセリングの事例を通じて──

1　はじめに　*83*

2　事例概要　*84*

3　面接過程　*85*

4　考　察　*98*

5　おわりに　*105*

第3部　現代社会のソシオーゼ ……………………………………… **107**
　　　（家庭児童問題の克服と職場の人間関係の向上をめざして）

7章　ＩＴ時代（ハイテク時代）のソシオーゼ ……………… **108**

──現象学的臨床社会心理学による一考察──

1　はじめに　*108*

2　ハイテク時代（ＩＴ時代）のソシオーゼ　*109*

3　ファミコン少年にとっての学校と家庭　*116*

──コンピュータへののめり込みを伴った登校拒否の問題を通じて──

vi

4 企業人とその家族にとってのソシオーゼ *118*

──「父親不在」の問題をめぐって──

5 ソシオーゼの克服をめざして *121*

8章 ソシオーゼとしての家庭児童問題（子育てに苦悩する母親 ········ 126
の病理とその克服）

──苦悩する母親への支援と地域における子育ての再考──

1 はじめに *126*

2 子育てに苦悩する母親の病理（現代社会のソシオーゼ） *127*

3 ソシオーゼとしての家庭児童問題を考える *128*

──カウンセリングの事例を通じて──

4 深刻化する家庭児童問題（ソシオーゼ）の克服を考える *133*

5 現代社会における親教育の必要性 *138*

6 おわりに *139*

＜参考資料3＞ 家庭児童問題の背景 *141*

9章 職場のの対人関係とメンタルヘルス ··· 143

1 はじめに *143*

2 職場の対人関係の病理と職員のメンタルヘルス *143*

3 メンタルヘルス・カウンセリングの事例を通じて *146*

──A社におけるB氏のカウンセリングの事例──

4 職場の対人関係の回復とメンタルヘルスの向上を目指して *155*

5 おわりに *157*

終 章 ·· 159

参考文献 *161*

増補版 あとがき *165*

初出一覧 *167*

索 引 *168*

序　章　急速なスマホの普及の功罪
　　　——さまざまな便利さの享受に伴う，友人や家族との
　　　豊かな会話や孤独な時間を享受する機会の減少——

はじめに

　本「研究ノート」は，小川憲治「IT時代の人間関係とメンタルヘルス」（『長野大学紀要』第23巻第3号2001年12月）または『本書』（2002年2月）第1部1章の続編である。その後の一数年間のIT（情報通信技術）の進展はすさまじいものがあるが，スマホ依存，ネット依存，人間関係の希薄化などさまざまな問題も深刻化しつつあり，今回改めて，ITの進展の功罪について，若手臨床心理士とともに，研究会を立ち上げ，研究を再開するに至った。本「研究ノート」はその研究成果の一端を，筆者なりに記したものである。

1．急速なスマートフォンの普及に伴う，便利さの享受と同時に失われつつあるもの

　2007年にスマートフォンの草分けである，アップルのiPhoneが発売されて以来，この10年間のスマートフォンの普及ぶりはめざましいものがある。電話，電子メール，インターネット検索，LINE，Twitter，Facebookなどの SNS やゲームをはじめとするさまざまなアプリ（アプリケーション）など，いつでも，どこでも便利に使える，PC機能を兼ね備えたコミュニケーション・ツールであるスマートフォン（スマホ）は，いまや多くの人々にとって，手元に無くては困る便利な必需品であり，簡単には手放せない「情報通信インフラ」として，身体の一部になってきているように思われる。
　例えば，LINEを使えば，家族，友人たち，趣味や職場の仲間などのグループ間で，物理的には一緒にいなくても，世間話，うわさ話，会食，行事，旅行

などの計画の相談，ママ友同士の育児の悩み相談，買い物やグルメなどのさまざまな情報交換などの，井戸端会議やグループ討議が，リアルタイムで実現できるので，非常に便利であり，寂しさや孤立感を感じなくて済む。またインスタグラム（Instagram）を活用して，自慢の写真や動画を投稿し合い，一緒に楽しんだり，できばえを競いあったりすることも，多くの人々にとって日常的になりつつある。

　その一方で，たとえばコミュニケーション学者宮田穣が「スマホの"便利さ"と同居している危険な罠（同調圧力の罠，依存の罠，疲労の罠，思考停止の罠，激情化の罠）」（宮田穣『ソーシャルメディアの罠』彩流社，2015年）と問題提起しているように，「便利さ」を享受すると同時に，気づかないうちに，いじめや仲間はずれ，嫉妬や妬みの対象になるなど，危険な罠に陥り，さまざまなものを失う可能性があることを忘れてはならない。そこで次に，近年電車の車内や町でよく見かける，スマホ使用や歩きスマホについて考えてみよう。

2．急速に普及したスマホの功罪

　最近多くの人々が，電車の中や街中で目にする，以下のような光景について，筆者はこれでいいのかなとの疑問を禁じえないが，皆さんはどのように感じられているだろうか？

　1）電車の車内の7人がけのベンチシートに並んで座っている7人の乗客全員がそれぞれがスマホとにらめっこしている（スマホ一色の）光景を目の当たりにしたとき，一種の新興宗教（「スマホ礼賛教」）の様な，狂信的な，異様な光景だと感じてしまう。

　電話やスマホが普及する以前の車内では，乗客は，新聞や雑誌を読んだり，読書をしたり，音楽を聴いたり，仕事の書類に目を通したり，スケジュールを検討したり，企画を考えたり，数独やクロスワードなどのパズルと取り組んだり，瞑想，思索，仮眠など，多様な生きる世界の中で，それぞれが豊かで，有意義な時間を過ごしていたように思われる。もちろん，現在は，スマホで新聞，雑誌，書籍は読めるし，PCを使った仕事もできるし，音楽は聴けるし，動画も見られるし，パズルやゲームもできるので，車内での時間の使い方の選択は，

個人の自由であることは言うまでもないが，スマホと過ごすことによって，以前のような，新聞を広げたり，本をパラパラめくったり，瞑想するなどの，多様な過ごし方ができにくくなっていることに気づき，そのことを問い直してみる必要があるのではないかと思うのである。

　2）道路，駅の構内やホームでの，歩きながらのスマホが，危険な行為や迷惑行為としても問題になっているが　中でも，乳幼児を乳母車に乗せ，スマホ片手に（スマホを覗き込みながら）乳母車を押している，若い母親（まれに父親）を時々見かけ，事故でも起こさなければいいなと，ハラハラすることも少なくない。

　そうした母親の行為は，危険極まりないだけではなく，乳幼児期の母子関係（親子関係）を希薄なものにしてしまいかねない問題をはらんでいるように思われる。スマホを覗き込む行為は，メール，ＬＩＮＥ，さまざまなアプリとの関係を生きており，乳母車に乗せた乳幼児との関係を軽視しかねない行為（場合によっては「ママ，スマホをいじってばかりいないで，もっとちゃんと見て！」，「話しかけて！」などの子どもの叫びに気づかず，子どもにさびしい思いをさせてしまいかねない行為）であることを忘れてはならない。

　この「ママ，スマホよりボクを見て」と訴える子どもの親について，諸富祥彦がその著書（諸富祥彦（『スマホ依存の親が子どもを壊す』宝島社，2016年）のなかで，「スマホ依存の親による「スマホ・ネグレクト」，「プチ虐待」が，子どもの「愛着障害」をもたらす」と，一歩踏み込んだ問題提起（警告）をしており，この問題について，今後一層の研究が必要である。

3．スマホとどのように付き合うか；スマホの断食・断捨離の必要性

　これまで述べてきたような，電車の車内でのスマホ使用や歩きスマホの増加だけではなく，食事中や入浴中でもスマホを手離さないヘビーユーザーが増えてきているとしたら，人々のあいだで，豊かな会話，対面（ＦＴＦ：face to face）コミュニケーションが減少し，衰退していく危機に瀕していると言えるのではないだろうか？

　米国の臨床心理学者シェリー・タークルはその著書（Sherry Turkle『一緒

にいてもスマホ；ＳＮＳとＦＴＦ』（「Reclaiminng Conversation（会話の再生）The Power of Talk in a Digital Age（デジタル時代の対話のパワー）2015 年」日暮正通訳・青土社，2017 年）の中で次のように述べている。

「ちょっとでも暇があれば，オンラインの世界の誘惑に抵抗できなくなり，自分へのメッセージをチェックする。子供でさえ，友だちとＦＴＦでしゃべらずに，メールのやり取りをするのだ。自分の思考をはぐくむ時間を持つこともできるのに，空想にふけることすらしない。そういうことが積み重なった結果が"会話離れ"となる。」

以前は，家族の団欒，夫婦や親子の対話などＦＴＦの豊かな対人関係が大切にされてきたが，テレビ，ＤＶＤ，携帯型ヘッドホンステレオ，パソコン，携帯電話，スマホなどの電子機器が普及していくにつれ，他者と向き合う物理的な時間（対人コミュニケーションの機会）が少なくなってしまったように思われる。特にパソコンと携帯電話の機能が一体となったスマホを常に手元に置くことにより，スマホに気をとられて目の前の相手を無視する行為を phubbing（ファビング）と言うが，まさにそのため純粋にＦＴＦの対話的コミュニケーションの機会があまり無くなってしまった人々が増えてきているように思われる。

人々がＦＴＦの会話の機会を取り戻すためには，時にはスマホから離れて自分を取り戻す機会を作る（藤原智美『スマホ断食』潮出版社 2016 年）ことが必要だし，ＩＴの世界からの「断捨離（だんしゃり）」（やましたひでこ『ようこそ断捨離へ（モノ・コト・ヒト，そして心の片づけ術）』宝島社 2010 年）が求められる。クリスティーナ・クルックがその著書（Christina Crook『スマホをやめたら生まれ変わった（The Joy of Missing Out : Finding Balance in a Wired World）』安部恵子訳・幻冬舎，2016 年），で「スマホやインターネットを断つことによって，手放せた＜せわしない時間，私らしくない私，常にオン，共有しすぎ，比較ゲーム，中身ゼロのつながり＞，その代わりに得たのは，＜心の静けさ，幸福感，大切な人との会話，私の手の中の時間，偶然の喜び，直感，ワクワクする日々＞。そう，私は自分の人生を取り戻したのだ。」と述べているように，スマホ断食の効果は現代社会に生きるスマホを手放せない人々（上記の電車の車内でスマホを覗いている人々）にとってきわめて有用と思われる。

また上記のスマホを片手に乳母車を押して歩いている若い母親の場合，スマホ断食や使用時間を少なくすれば，もう二度と無い，乳幼児期のかわいい子どもとのかけがえの無い至福の時間を，心ゆくまで味合うことができるのである。地域社会から孤立し，夫の協力も得られず，密室育児を強いられている，若い母親にとっては，スマホで親友やママ友とメールやLINEなどで，コミュニケーションをとることは必要な場合もあり，スマホを断食したほうがよいとまで警告するつもりは無いが，「危険を伴う歩きスマホは，親子で仕合せな子育て生活を営むためには，自重したほうが良いのでは？」と，子育て中の若い父母に助言できればと思っている。

4．子どもが何歳になったらスマホを与えるか？　悩む父母が増えている

生まれた時からIT機器に囲まれて育った，いわゆるデジタルネイティブ世代の子どもたちに，何歳になったらスマホを与えたらいいのか？　悩むアナログネイティブ世代の父母が増えている。小学生であれば，GPS機能付きの携帯電話（ガラケー）でも十分だが，友達とLINE，Facebook，オンラインゲーム，インスタグラムによる写真や動画の交換などをやらないと仲間はずれになりかねない中学生や高校生になると，「インターネット依存」や，出会い系サイトやアダルトサイト，JKビジネスなどの怪しいアルバイトサイトなどの，インターネットの危険性に不安をかかえつつも，親子で話し合い，使用方法を限定し，子どもを信頼して，スマホを与えざるを得ない，悩ましい状況になりつつあるように思われる。スマホの毎月の使用料も，学割や家族割があったとしてもかなりの出費になるので，大学生ならアルバイトをして自己負担させることができるが，中学生や高校生の場合は，なかなか難しい問題である。

スマホには，LINE，インスタグラム，ゲームなどを楽しむだけではなく，勉学の不明点をインターネット検索をして調べることもできるし，地図情報やナビゲーションを使えば初めて行く場所を案内してもらえるし，GPS機能付きの場合は，親が子どもの居場所を確認することができるなど，便利な面も多く，その功罪を理解したうえで，活用することが大切である。そのためには，

スマホの使い方，活用の仕方，メールのやり取り（コミュニケーション）のリテラシーとマナーや，危険なサイトを回避し，安全で適切な使い方をするモラルに関する教育，ヘビーユーザーやインターネット依存にならないようにする自律能力，時間管理能力を身につける必要があるので，親や教師などが，事前にそうした指導を十分せずに，また使い方や使用時間についての親子での話し合いと約束をせずに，安易に子どもにスマホを与えてしまわぬようにしなければならない。例えば，①『家庭でマスター！中学生のスマホ免許(依存／いじめ・炎上・犯罪……SNSのトラブルを防ぐ，新・必修スキル)』（ネット依存アドバイザー遠藤美季著・誠文堂新光社，2014年），②『親子で読むケータイ依存脱出法』（医師磯村毅著・ディスカヴァー・トウエンティワン刊，2014年），③『スマホチルドレン対応マニュアル』（竹内和雄著・中央公論新社，2014年）などの参考書を活用し，スマホの使い方について，親子で十分話し合いをしておく必要があろう。

5．ネット依存，スマホ依存からの脱皮をめざして

　アメリカ精神医学会による診断基準（DSM－5）など「インターネット依存」に関する明確な定義や診断基準は，いまだ確定してはいないものの，1998年に米国の心理学者キンバリー・ヤングがその著書（Kimberly Young『インターネット中毒―まじめな警告です』（小田嶋由美子訳）毎日新聞社，1998年）の出版を通じて問題提起して以来約20年が経つが，ここ数年のわが国でのスマホの急速な普及とともに，ネット依存，スマホ依存の問題は，ますます深刻化し，ヤングが警告したことが，現実化してきているように思われる。

　2011年に発表された橋本良明・大野志郎（東京大学大学院）ほかによる総務省の研究プロジェクト「ネット依存の若者たち，21人インタビュー調査」の調査研究報告のなかで，大野志郎はネット依存を次の3形態に分類している。

　1）リアルタイム型ネット依存：チャットやネットゲームなど，利用者同士がリアルタイムにコミュニケーションを行うことを前提にしたサービスへの依存。

　2）メッセージ型ネット依存：ブログ，掲示板，SNSへの書き込みやメール

交換など，利用者同士がメッセージを交換し合うサービスへの依存。
3）コンテンツ型ネット依存：ネット上の記事や動画などのコンテンツなど，受信のみで成立する一方的サービスへの依存。

中でも 1）のネットゲーム依存は，睡眠や食事などの日常生活を顧みないほど依存する，重症な依存にも陥る可能性がある。芦崎治がその著書（芦崎治『ネトゲ廃人』（リーダーズノート，2009 年）のなかで，「ここ数年，ネットゲームに膨大な時間を費やしてバーチャルな世界に生きる者が「ネトゲ廃人」と呼ばれるようになった。多くは現実世界から逸脱し，あるいは社会に適応できなくなった者を，嘲笑する意味合いで使われてきた。「ネトゲ廃人」あるいは「ネトゲー廃人」，さらに略して「廃」の一文字で表記する場合もある」と述べているとおり，若者のネット依存は深刻化しつつある。

また若者だけではない。ジャーナリスト石川結貴はその著書（石川結貴『ネトゲ廃女』（リーダーズノート，2010 年）の中で，「ここ数年，ネットを通じたオンラインゲーム，いわゆるネトゲに熱中する主婦が増えている。趣味や息抜き程度に楽しんでいるならともかく，なかには一日十時間もゲームに没頭し，家事も育児もできなくなって家庭を破綻させる人もいる。ネトゲ熱が高じるあまり女性としての喜びを打ち捨て，社会から引きこもり，臭く汚くなっていくような「ネトゲ廃女」さえいるという。」と述べており，驚愕に値する。

そうした深刻化した問題の解決に向けて，例えば，ネット依存アドバイザー遠藤美季と精神科医墨岡孝共著『ネット依存から子どもを救え』（光文社，2014 年）は，ネット依存，スマホ依存からの脱皮をめざすうえで示唆に富む点が多い。

墨岡孝は下記の「診断基準」を作成し，ネット依存の診断と治療を行っている。
1）インターネットの利用時間がコントロールできない。
2）インターネットの利用時間過多により日常生活が困難になる。
3）インターネット接続への強い欲求がある。
4）インターネットの利用を禁止または制限すると禁断症状が出る。
5）インターネットの過多利用で，家族関係が壊れる。
6）インターネットの利用により，社会的活動に影響が出る。

7）ネット利用によって，奇異な行動がある。

8）周囲の協力を得ても，ネットの利用時間をコントロールすることが困難である。

9）精神面の重度な変化がみられる。（別人格，幻聴，幻覚，万能感，自殺衝動など）

遠藤美季はネット中毒に対する「デジタルデトックス（解毒）のすすめ」を提言している。

1）自分なりの（スマホ利用の場所・時間の）ルールをつくる。

2）まずスマホという習慣をやめる。

3）使用しないアプリは削除する。

4）一日数時間，スマホを持たずに外出する。

5）休肝日のように「休ネット日」を設ける。

6）「今日は友達と向き合う日」を設ける。

7）友達や家族に一定の期間「断ネット」を宣言する。

8）週末にはスマホ・タブレットを置いて外出。

9）ネットに接続しない幸せを体感する。

そのほか，依存症の専門医樋口進が，樋口進『ネット依存症』（PHP新書，2013年），および『ネット依存症のことがよくわかる本』（講談社，2013年）を出版し，ネット依存症の理解と予防の必要性を訴えているが，非常にわかりやすい啓蒙書であり，また精神科医岡田尊司『インターネット・ゲーム依存症—ネトゲからスマホまで』（文春新書，2014年）は，「ネット依存，ゲーム依存は覚醒剤依存と変わらない」と警告し，その克服と予防について記しており，家庭や学校で本問題を考えるための参考となろう。

石川結貴『スマホ廃人』（文春新書，2017年）のなかで，筆者が「生活空間のそこかしこにあるスマホ関連の広告。学年LINEのシビアな選別。ソシャゲのチーム内で課せられるノルマ。誰かをいじめなければ自分がいじめられる閉鎖的なつながり。「かわいい，お金をあげる」といったおとなの甘言。……。はじめやすいが，やめにくい。欲求や願望，ときに不安や競争心を刺激

される。そういう現象のひとつひとつが，いつの間にか子どもたちを取り込み「廃」へと誘ってはいないだろうか。」と問題提起しているとおり，人々が「スマホ廃人」にならないような，文明の利器であるスマホとの健全な共存を模索していくことが肝要であると思う。

おわりに

これまで述べてきたとおり，この十数年の間に，「ネット依存」，「スマホ依存」，人間関係の希薄化などの問題は，益々混迷を深めていると言っても過言ではない。今後も，臨床現場，学校，家庭，職場などで，臨床心理士，精神科医，教員などの専門家を交えて，対応策を検討し，実践していくことが急務である。本「研究ノート」が，多少なりともそうした活動の参考になれば幸いである。

〈注〉

1) 本研究の位置づけとしては，別紙の「テクノストレス研究の系譜」（神奈川産業保健総合支援センター「産業保健セミナー（2017年8月9日）レジュメ」（小川）参照。

2) 本研究ノートは，今年の2月からほぼ毎月開催している「ICTと人間関係」をテーマとした研究会での，意見交換，情報交換，事例検討などを踏まえて，小川の問題意識と所論を書き記した，研究会の活動成果の一部でもあり，研究会のメンバーである織田孝裕氏，宇野宗道氏，河村治氏，水戸部賀津子さん，深澤静さんに感謝いたします。

〈参考書〉

(1) ヴァンデン・ベルク『メタブレティカ』春秋社

(2) 平木典子『アサーショントレーニング』日本・精神技術研究所（金子書房）

(3) 早坂泰次郎『人間関係の心理学』講談社現代新書

〈参考資料〉

神奈川産業保健総合支援センター産業保健セミナー 　　　　　　　2017 年 8 月 9 日

「テクノストレスと人間関係 ―メンタルヘルスの向上をめざして―」

産業保健相談員・臨床心理士　小川憲治

１．職場の対人関係とメンタルヘルス

　現代社会においては，誰もが，ストレスフルな職場環境，人間関係の病理，心理的耐性の虚弱化，適応不全などの諸要因で，心の病を発症させてもおかしくない状況にある。

　（1）ストレスフルな職場環境（能力主義，ハラスメント，リストラの不安，ＩＴ化など）

　（2）『心の病は人間関係の病』（吉田脩二，朱鷺書房）

　（3）『ＩＴ時代の人間関係』（小川憲治）人間関係の希薄化，自己中心的な人間関係

　（4）ソシオーゼ（社会症）vs ノイローゼ（神経症）（ヴァン・デン・ベルク，参考書（１））

　（5）心理的耐性の虚弱化（グループトレーニングの機会の減少），および社会性の未熟さ

　（6）社会への適応不全　①不適応（出社拒否，登校拒否）②過剰適応（各種依存症など）

２．テクノストレス研究の系譜（テクノストレス～インターネット依存～スマホ依存）

　（1）『テクノストレス』（臨床心理学者クレイグ・ブロード，1984 年）

　　　「テクノロジーに健常な形で対処できないことから起こる不適応症候群」

　①「テクノ不安症」（不適応），②「テクノ依存症」（過剰適応）

　　　『シリコン（バレー）シンドローム』（臨床心理学者ジーン・ホランズ，1985 年）

　　　『「コンピュータ人間」―その病理と克服』（臨床社会心理学者小川憲治，1988 年）

　　　（「人間関係の病理としてのテクノストレス：テクノストレスの臨床社会心理学」

　　　①時間観念の歪み，②感性の鈍磨，③過度の論理性，④完璧主義，⑤疎外感

　　　『ＶＤＴ症候群』，『ＯＡ症候群』，『ファミコン・シンドローム』（1989 年），

　　　『職場におけるテクノストレス―現状と対策―』（労働省労働衛生課編，1990 年）

　（2）『インターネット中毒』（心理学者キンバリー・ヤング，1998 年）

　　　『「ケータイ・ネット人間」の精神分析』（小此木啓吾，2000 年）

　　　『ＩＴ時代の人間関係とメンタルヘルス・カウンセリング』（小川憲治，2002 年）

　　　『テクノストレスに効く 55 の処方箋』（佐藤恵里，2002 年）

　　　『ＩＴエンジニアの「心の病」』（精神科医酒井和夫・立川秀樹，2005 年）

　（3）『一緒にいてもスマホ』（臨床心理学者シェリー・タークル，2017 年）

　　　『ソーシャルメディアの罠』（コミュニケーション学者宮田穣，2015 年）

　　　『ネット依存から子どもを救え』（遠藤美季・精神科医墨岡孝，2014 年）

　　　『ネット依存症のことがよくわかる本』（依存症専門医樋口進，2013 年）

　　　『ネトゲ廃女』（石川結貴，2010 年），『スマホ廃人』（石川結貴，2017 年）

　　　『研究ノート「急速なスマホ普及の功罪」』（小川憲治，2017 年）

3．テクノストレスのメンタルヘルス対策

（1）ストレスチェック制度の活用（メンタル不調者のスクリーニング＝予防対策）
　　（神奈川産業保健総合支援センター通信 第 53 号）
（2）佐藤恵里『テクノストレスに効く 55 の処方箋』の活用
（3）キンバリー・ヤング（1998）の「ネット依存度チェックリスト」の活用
（4）墨岡孝（2014）の「ネット依存症の診断基準」の活用
（5）今こそ『スマホ断食』を！（藤原智美），「デジタルデトックスのすすめ」（遠藤美季）
（6）働く人のメンタルヘルス・ポータルサイト―心の健康確保と自殺や過労死の予防
　　「こころの耳」http://kokoro.mhlw.go.jp/ （厚生労働省）
（7）心理臨床事例「新任中間管理職のテクノストレス」（ＩＴ企業Ａ社Ｂ氏）
　　小川憲治「職場の対人関係とメンタルヘルス」（『信州さんぽ』第 43 号 6 ～ 9 頁）

4．メンタルヘルスの向上を目指して

（豊かな対人関係の構築，仕事と余暇の（work life）バランス）

（1）新入社員（若年層）：親切に仕事を教える，心身の健康保持（過重労働等無理をさ
　　せない），ミスを厳しく叱責しない，困ったこと，悩みなどの相談に応じる，温かな
　　対人関係，対人コミュニケーション，アサーション能力（参考書（2））の向上，心的
　　耐性の向上
（2）管理職（中年層）：リーダーシップ，グループマネージメントが身につくような研修，
　　部下の生きる（体験）世界の理解（時間，空間，事物，身体，対人関係）（小川，2002），
　　部下との対話の精神の実践（見る，聴く，応答する，共にいる，待つ，見守る）
（3）豊かな対人関係の構築をめざして（体験学習が必要）
　　①言葉にこめられた（言語化されていない）気持ちの理解（内容とプロセス）
　　②思いやり，支え合い（相互メンタルヘルスケア）の精神
　　③お互い様（助け合い）の精神（セルフヘルプ（相互扶助）グループ）
　　④お互いの長所の発見と相互的補完的シェアードリーダーシップの実践
　　⑤基本的信頼関係の実現（「上司と部下」などの役割関係の超越）
　　⑥お互いに成長（変化）の可能性を信じる
　　⑦「ほんとうの人間関係」の実現と「よい人間関係」とのバランス（参考書（3））
　　　つながり vs あいだ（距離），違い vs 共通性，共にいる vs いない
（4）仕事と余暇の（work life）バランス
　　公私のけじめ，仕事最優先生活からの脱皮，余暇の時間を確保し心身ともにリフレッ
　　シュに努める（家族や友人との旅行，食事，スポーツ，音楽，読書などの趣味をエン
　　ジョイ）

〈参考資料〉
職業性ストレスチェックの簡易調査票（57 項目）の紹介
（厚生労働省の実施マニュアルの数値基準に基づいて高ストレス者を選定しやすいように、特定の項目について点数を置き換えてあります）

A　あなたの仕事についてうかがいます。最もあてはまるものに○を付けてください。

	そうだ	まあそうだ	ややちがう	ちがう
1．非常にたくさんの仕事をしなければならない・・・・・・・・・・・	4	3	2	1
2．時間内に仕事が処理しきれない・・・・・・・・・・・・・・・・・・・・	4	3	2	1
3．一生懸命働かなければならない・・・・・・・・・・・・・・・・・・・・	4	3	2	1
4．かなり注意を集中する必要がある・・・・・・・・・・・・・・・・・・	4	3	2	1
5．高度の知識や技術が必要なむずかしい仕事だ・・・・・・・・・・・	4	3	2	1
6．勤務時間中はいつも仕事のことを考えていなければならない・・・	4	3	2	1
7．からだを大変よく使う仕事だ・・・・・・・・・・・・・・・・・・・・・・	4	3	2	1
8．自分のペースで仕事ができる・・・・・・・・・・・・・・・・・・・・・・	1	2	3	4
9．自分で仕事の順番・やり方を決めることができる・・・・・・・・	1	2	3	4
10．職場の仕事の方針に自分の意見を反映できる・・・・・・・・・・・	1	2	3	4
11．自分の技能や知識を仕事で使うことが少ない・・・・・・・・・・・	4	3	2	1
12．私の部署内で意見のくい違いがある・・・・・・・・・・・・・・・・・	4	3	2	1
13．私の部署と他の部署とはうまが合わない・・・・・・・・・・・・・・	4	3	2	1
14．私の職場の雰囲気は友好的である・・・・・・・・・・・・・・・・・・	1	2	3	4
15．私の職場の作業環境（騒音，照明，温度，換気など）はよくない・・	4	3	2	1
16．仕事の内容は自分にあっている・・・・・・・・・・・・・・・・・・・・	1	2	3	4
17．働きがいのある仕事だ・・・・・・・・・・・・・・・・・・・・・・・・・・	1	2	3	4

B　最近1ヵ月のあなたの状態についてうかがいます。最もあてはまるものに○を付けてください。

	ほとんどなかった	ときどきあった	しばしばあった	ほとんどいつもあった
1．活気がわいてくる・・・・・・・・・・・・・・・・・・・・・・・・・・・・・・	4	3	2	1
2．元気がいっぱいだ・・・・・・・・・・・・・・・・・・・・・・・・・・・・・・	4	3	2	1
3．生き生きする・・・・・・・・・・・・・・・・・・・・・・・・・・・・・・・・	4	3	2	1
4．怒りを感じる・・・・・・・・・・・・・・・・・・・・・・・・・・・・・・・・	1	2	3	4
5．内心腹立たしい・・・・・・・・・・・・・・・・・・・・・・・・・・・・・・	1	2	3	4
6．イライラしている・・・・・・・・・・・・・・・・・・・・・・・・・・・・・	1	2	3	4
7．ひどく疲れた・・・・・・・・・・・・・・・・・・・・・・・・・・・・・・・・	1	2	3	4
8．へとへとだ・・・・・・・・・・・・・・・・・・・・・・・・・・・・・・・・・・	1	2	3	4
9．だるい・・・・・・・・・・・・・・・・・・・・・・・・・・・・・・・・・・・・・・	1	2	3	4
10．気がはりつめている・・・・・・・・・・・・・・・・・・・・・・・・・・・	1	2	3	4
11．不安だ・・・・・・・・・・・・・・・・・・・・・・・・・・・・・・・・・・・・・・	1	2	3	4

序　章　急速なスマホの普及の功罪　　13

12. 落ち着かない ・・・・・・・・・・・・・・・・・・・・・・・・・・・	1	2	3	4
13. ゆううつだ ・・・・・・・・・・・・・・・・・・・・・・・・・・・・	1	2	3	4
14. 何をするのも面倒だ ・・・・・・・・・・・・・・・・・・・・	1	2	3	4
15. 物事に集中できない ・・・・・・・・・・・・・・・・・・・・	1	2	3	4
16. 気分が晴れない ・・・・・・・・・・・・・・・・・・・・・・・・	1	2	3	4
17. 仕事が手につかない ・・・・・・・・・・・・・・・・・・・・	1	2	3	4
18. 悲しいと感じる ・・・・・・・・・・・・・・・・・・・・・・・・	1	2	3	4
19. めまいがする ・・・・・・・・・・・・・・・・・・・・・・・・・・	1	2	3	4
20. 体のふしぶしが痛む ・・・・・・・・・・・・・・・・・・・・	1	2	3	4
21. 頭が重かったり頭痛がする ・・・・・・・・・・・・・・	1	2	3	4
22. 首筋や肩がこる ・・・・・・・・・・・・・・・・・・・・・・・・	1	2	3	4
23. 腰が痛い ・・・・・・・・・・・・・・・・・・・・・・・・・・・・・・	1	2	3	4
24. 目が疲れる ・・・・・・・・・・・・・・・・・・・・・・・・・・・・	1	2	3	4
25. 動悸や息切れがする ・・・・・・・・・・・・・・・・・・・・	1	2	3	4
26. 胃腸の具合が悪い ・・・・・・・・・・・・・・・・・・・・・・	1	2	3	4
27. 食欲がない ・・・・・・・・・・・・・・・・・・・・・・・・・・・・	1	2	3	4
28. 便秘や下痢をする ・・・・・・・・・・・・・・・・・・・・・・	1	2	3	4
29. よく眠れない ・・・・・・・・・・・・・・・・・・・・・・・・・・	1	2	3	4

C　あなたの周りの方々についてうかがいます。最もあてはまるものに○を付けてください。

	非常に	かなり	多少	全くない
次の人たちはどのくらい気軽に話ができますか？				
1. 上司 ・・・・・・・・・・・・・・・・・・・・・・・・・・・・・・・・・・	1	2	3	4
2. 職場の同僚 ・・・・・・・・・・・・・・・・・・・・・・・・・・・・	1	2	3	4
3. 配偶者，家族，友人等 ・・・・・・・・・・・・・・・・・・	1	2	3	4
あなたが困った時，次の人たちはどのくらい頼りになりますか？				
1. 上司 ・・・・・・・・・・・・・・・・・・・・・・・・・・・・・・・・・・	1	2	3	4
2. 職場の同僚 ・・・・・・・・・・・・・・・・・・・・・・・・・・・・	1	2	3	4
3. 配偶者，家族，友人等 ・・・・・・・・・・・・・・・・・・	1	2	3	4
あなたの個人的な問題を相談したら，次の人たちはどのくらいきいてくれますか？				
1. 上司 ・・・・・・・・・・・・・・・・・・・・・・・・・・・・・・・・・・	1	2	3	4
2. 職場の同僚 ・・・・・・・・・・・・・・・・・・・・・・・・・・・・	1	2	3	4
3. 配偶者，家族，友人等 ・・・・・・・・・・・・・・・・・・	1	2	3	4

D　満足度について

	満足	まあ満足	やや不満足	不満足
1. 仕事に満足だ ・・・・・・・・・・・・・・・・・・・・・・・・・・	1	2	3	4
2. 家庭生活に満足だ ・・・・・・・・・・・・・・・・・・・・・・	1	2	3	4

＊高ストレス者の選定評価基準（厚生労働省の実施マニュアルから抜粋）
①領域 B の合計点数が 77 点以上であること。
②領域 A と C の合算の合計点数が 76 点以上であり，かつ領域 3 の合計点数が 63 点以上であること。
上記①②のいずれかを満たす場合に，高ストレス者を選定することになっています。

第1部

IT時代の人間関係とメンタルヘルス

　近年のインターネットや携帯電話（スマートフォン）の急速な普及により，人々の生活が大変便利になってきたが，それに伴い人々の人間関係やコミュニケーションが急速に変貌しつつあり，さまざまな弊害も明らかになってきた。そこで序章に引き続き，第1部では，IT時代に生きる人々の人間関係とメンタルヘルスについて，臨床社会心理学，現象学的人間関係学の立場から考察を試みたい。1章では変貌する人間関係とメンタルヘルスの現状，2章では自閉的世界に生きる人々の実態，3章ではIT業界の技術者の実情と心情について，順次論じていきたい。

1章 IT時代の人間関係

　本章では，IT革命の進展する現代社会に生きる人々の変貌する人間関係の問題を考えていきたい。

1．変貌する人間関係
──つながりだけの自己中心的な人間関係の蔓延──

　インターネットや携帯電話の普及により，いつでもどこでも話したい相手と電話での会話やメールの交換ができるようになったり，必要な情報を居ながらにして検索できるような便利な世の中になった。メールによる「間接会話」によって，普段面と向かっては話せないことを夫婦や親子が話せるようになったとの声もちらほら耳にする。また外出が容易でない高齢者や障害者の世界を拡大するなど情報バリアフリーの実現をも可能にしつつある。

　しかしながらその一方で，使い方を誤るとさまざまな社会問題が生じることにもなりかねない。インターネット中毒（K・ヤング，1998年参照），迷惑メール，メールやチャットによる誹謗中傷，汚い言葉でののしり合い，出会い系サイトを巡る数々の事件，公共交通機関の車内，コンサート会場，学校の教室，会議室など公共な場での携帯電話による着信音，迷惑電話など，人々が心穏やかに暮らせなくなったり，インターネット依存がもたらす離婚などの人間関係の崩壊，自己中心的な対人関係の助長などの弊害があげられる。

　また孤独な時─空間を楽しめなかったり，一人でいることの寂しさに耐えきれない人々が多くなってきていることなども忘れてはならない。いつも誰かと電話やメールでつながってなければいられない人々（“つながり”指向）が多くなり，人間関係における時─空間的“あいだ”が取れない傾向が顕著となってきた。この増加傾向は人間本来のバランスの取れた「つながりとあいだ」（早坂[1]）を保持した健康的な人間関係の営みを損なっているし，他者を愛する資

質の１つである「一人でいられる能力」（E・フロム[2]）が育たないこと（むしろ減衰）を意味しているのではないだろうか。

　携帯電話や電子メールを介してのコミュニケーションは，匿名でも可能だし，やめたくなったらいつでもやめることが可能な，防衛的で自己の身体を相手に必ずしもさらさないで済むような対人関係であり，現実世界から遊離した疑似的な恋愛関係（現実の世界で満たされない寂しいもの同士の共棲的関係）や，一方だけがそうした関係（一方は気晴らしの手段）と思い込む（ストーカー的）人間関係を生みやすい土壌がある。例えば，最近報道された“出会い系サイトで知り合った29歳の茨城の主婦と北海道の高校生の悲劇[3]”は，まさにそうした相互身体的関係が損なわれた人工的な（不自然な）対人関係の齟齬が引き起こしたと言っても過言ではないだろう。夫婦生活に満たされない（不倫願望はあっても行動に移すことができない）主婦と孤独な高校生が携帯電話を介して，一時的にしても心を開き語りあえたことはお互いによかったのかもしれないが，その後大人として現実世界に引き戻された主婦と一途な恋愛感情だけにつき動かされてしまった高校生のそれぞれの体験世界の温度差が，相互身体的関係が希薄な，自己中心的な狂気の世界へと暴走させてしまったのではないだろうか。ここ数年身体を張って恋愛できない大学生（若者）が筆者のまわりにも増えてきたとの印象も拭えないが，根っこは同様であろう。

　また携帯電話や電子メールは，ビジネスなどの機能的なコミュニケーションには極めて適しているが，その一方で，対人コミュニケーションの情緒的側面が損なわれやすいように思われる。例えば，面と向かって頼みにくいことも，思いついたら直ちに何のためらいや吟味もなく携帯電話（従来の電話はいつも手元にないし相手も不在のことも多かった）やメール１本で可能となる。face to face コミュニケーションまたはひざを交えての話し合いに比べ，相互身体的関係が希薄だから，人をあごで使う権威主義的な人間にとって非常に便利な道具であり，いっそう「操作人間」（小此木[4]）の側面が助長されやすいのではないだろうか。電子メールの場合すぐ発信できるし，相手にクイックレスポンスを強要し，じっくり待てなくなりやすい。そのため相手の都合や気持ちを尊重できにくくなり，自己中心的な人間関係を助長するおそれがある。またある大学の情報工学専攻のK教授が「最近，面と向かって話し合えば問題ないこ

とが，電子メールでやりとりすると，お互いに遠慮がなくなり，汚い言葉での
のしり合うことになりかねないので，極力電子メールでの議論はやらないよう
にしています」と語っているように，お互いに大人気ない言動に走ってしまう
可能性もあるのではないだろうか。

　それに比べ手紙の場合，書く段階での心境（の変化）や郵便ポストに投函す
るまでのプロセス（面倒なハードル）があり，数日から１～２週間返事を待
つ必要があり，時には忍耐力も要求される。しかし，待つ間に自身でもさまざ
まのことを考える時間が取れ，自立心，独りでいられる能力，相手を思いやる
姿勢など，人間本来のバランスの取れた「つながりとあいだ」を保持した，健
康的な人間関係を営む資質も育ち得るのである。以前筆者は，クライエントと
の書簡によるカウンセリングを試み，手紙ならではの人間味あふれる交流を実
現することができたが，携帯電話や電子メールでは実現不可能であったであろう。

2．家族関係や友人関係の変貌

　携帯電話や電子メールの普及と共に，家族関係や友人関係などの人間関係に
もさまざまな変化が生じているように思われる。

　宮木由貴子（ライフデザイン研究所）は「ＩＴ技術によって生まれたメディ
アは“遠くを近くに，近くを遠くに”する性質がある。単身赴任や遠距離恋愛
では前者の性格が役立つが，子どもの交遊が分からないなどということに後者
の性格が出てくる[5]」と述べているが，ＩＴ時代の人間関係を問い直すのに誠
に示唆に富む指摘である。

　単身赴任や遠距離恋愛を余儀なくされた家族や恋人同士が携帯メールをやり
とりするのは納得できるが，同じ屋根の下に住む家族同士が携帯メールをやり
とりしたり，職場で机を並べる社員同士が電子メールで会話するなど face to
face コミュニケーションを避けた，“近くを遠くに”する「間接会話」が増え
ていることに（“人間関係の摩擦回避の時代”と言われる）一抹の寂しさ（水
臭さ），不自然さを感じてしまうのは“時代遅れ”なのだろうか？

　その点については「携帯電話が日本の食卓を破壊する」（藤原智美[6]）「ＩＴ
社会の進展，特にメール対応の携帯電話の普及は，家族のモザイク化，断片化

を加速している」（橋本良明[7]）などの指摘が示唆に富んでいる。「家族と食事中も携帯メールをチェックする若者が問題になるが，彼らにとって物理的な空間の共有よりもケータイ仲間のほうが重要なのだ」（橋本，前掲）などの指摘は，筆者も日ごろ折に触れて感じているところである。目の前にいる他者との関係よりもケータイでつながっている仲間との関係を生きているのであり，目の前にいる相手を寂しい気持ちや不快な気分にさせ，関係を損なっているという現実に気づけないことが問題なのではないか。

　そこで，ある日，筆者が電車の中で見かけた，最近よく目にする光景（エピソード）をもとに考えてみよう。「母親と娘が仲良く車内の座席に並んで座ってしばらくの間楽しそうに話していた。ところが，しばらくして娘が携帯電話を取り出しメールをチェックしだし，メールを打つのに夢中になるにつれて，それをのぞき込むようにしていた母親の顔が，それまでとは違った寂しそうな，悲しそうな顔になっていった。しかし，そのことなど一向に構わず，娘はメールに熱中したままであった」。このエピソードをある大学の看護学部の「人間関係学」の授業で講義した後，それを聴講した学生に書いてもらった「携帯電話と人間関係」に関するレポート（抜粋）を見てみよう。

（1）学生Aのレポートより

　「私はよく母親と買い物に出かける。そんなとき携帯に電話がかかってきたり，メールが入ってきたりして，母親との会話より，そっちの方に夢中になってしまったことは何度もあった。その持は何も感じなかったが，この話を聞いて，もしかしたら私の母親も寂しさを感じていたのかもしれないと反省した。そこで逆に私がそういうふうにされた時のことを考えてみた。友だちの誕生日に２人で遊園地に行った時のことである。友だちと楽しく会話している最中に友だちの携帯が鳴り，それに出た。すると，私がいることなんて全く忘れているのではないかと思うぐらい，電話の相手と楽しそうに会話し始め，結局そのまま20〜30分は話していた。私はその時「さみしさ」というより，「つまらなさ」，「怒り」さえ感じてしまった。

　ケータイが普及してメールで友だちと会話をしたり，匿名で見知らぬ人と会話したりできるようになったが，私たちはコミュニケーションのとり方が下手

になってきているのではないかと思った。私の場合，誰かと話をしている時，伝えたいことはのどの辺りまで出てきているのに，どうしても言葉に出して表すことができない，ということがしばしばある。まだケータイが普及していなかった私が小学生や中学生だったころは，交換日記が流行っていた。その交換日記で私は，友だちとその日に話せなかったことなどを話題にして会話をしていた。少なくともその時の方が伝えたいことを伝えられていた気がする」。

この学生Aの場合，筆者の問いかけとレポート課題の出題により，「もしかしたら私の母親も寂しさを感じていたのかもしれない」と気づけてよかったし，一緒に遊園地に行った友人のケータイによる長電話に「怒り」を感じていた自身の気持ちを言語化し明確化できて幸いだった。誰しも自分自身の気がついていない部分は，自分一人では気づきようがないし，喜怒哀楽の感情についても，言語化しない限り無意識のままであったり，身体では感じていても必ずしも意識的には明確にはならないこともあるのである（4章参照）。

（2）学生Bのレポートより

「携帯が普及するようになって，何か人間としての温かみみたいなものがなくなった気がする。以前は友だちに用事がある時は直接その友だちの家に電話をしていた。それにより，その家の人々 ―例えばお母さん，おばあちゃん，妹など― と他愛のない話を交わしていた。人間関係が希薄な世の中から，このような会話さえなくなってしまった。メールの普及により，私も含めて手紙を出す機会，もらう機会が減った。だから余計に，手紙が送られてくるととても嬉しい。相手の書いた文字が心を温かくする。たとえ思っていることが同じでも，メールより手紙の方がはるかに感情が伝わる気がするのは私だけだろうか。

以前テレビで「あなたの携帯電話がなくなったらどうですか？」という質問を街ゆく若い世代の子に聞いているところを見た。するとその返答は，「無理」，「死ぬ」，「考えられない」，「有り得ない」，「誰とも連絡がとれない」，「困る」とどれをとってもマイナスのものだった。私たちは知らない間に携帯電話依存症になっていた。誰かと何かでつながっていたい。いいかえれば携帯電話がないと，誰ともつながっている気がしないということだ。なんて寂しいことだろう」。

この学生Bの場合，これまで気づかなかった自身の携帯依存症に気づけたし，携帯電話と人間関係について問い直す良い機会となったようだ。またBは，レポートに「私か携帯電話と人間関係について思っていることは次の点だ。まず，マナーを守り，周囲に迷惑をかけない工夫が必要だと思う。次に，携帯でしかつながっていない人間関係を改めて見直すことだ。携帯電話に関する考え方は人それぞれだ。この便利な道具を個々人が上手に利用して生活や人間関係を向上させることができればこの上ない」と記しているが，携帯電話というテクノロジー（IT）の産物との関係を問い直し，きちっとしたテクノロジー・アセスメントができているのには感心した。こうした所をIT時代に生きる人々が是非見習ってほしいと思う。

　ここに紹介したAやBのような問題意識のある少数派の学生たちが，将来，医療，看護，福祉，心理臨床，教育などの分野や，家庭，職場，地域社会で，中心となって活躍してくれれば言うことはないのだが，現状ではかなり悲観的と言わざるを得ないだろう。

　というのも，親が携帯電話を子どもに「"居場所が分かる""安心"などと持たせたがる」（宮木，前掲[8]）傾向にあり，「携帯電話が"リモコン母親業（マザリング）"と呼ぶことのできるような女性の実践をもたらす」（「リモコンママの携帯電話」ラナ・F・ラコウ，他[9]）一方で，「携帯ですぐに親とつながれることで，自分だけで物事に対処できない子どもが増えている」（宮木，前掲[10]）など，子どもの健全な成長発達を阻害する可能性も否定できないからである。

3．携帯という罪作りな（心穏やかに暮らせなくなってしまう）　メディアの普及がもたらしたもの

　最近ある団体に勤める20歳代後半のOLから聴いた話でもあるが，「1日中ケータイに電話がかかってこなかったり，メールが来ないと不安になったり，「のけ者」にされたような気持ちに駆り立てられやすい」（藤竹暁[11]）という。これはもともとケータイを持ってなければ感じないで済んでいた罪作りな話である。そうした寂しさ，孤立感が募ると，1節でも取り上げたように，新たな

メル友を求め出会い系サイトやテレクラ[12]などにはまりやすいのではないだろうか。

　また、最近ＧＰＳ（Global Positioning System：汎地球測位システム）機能を備えた携帯電話（スマホ）が多くなってきたことにより、携帯電話を所持している行方不明の高齢者や子どもなどの所在がすぐに把握できるようになるなど便利になったその一方で、ＧＰＳ機能により他者に使用者の現在位置情報を容易に把握されてしまう可能性もあり、家族や恋人同士のプライバシーが脅かされたり、過干渉になったり、関係の崩壊を招く危険性もある。携帯電話によって「人間関係が可視化される」、「人間関係が目に見える。見えていないのが普通の状態であれば不安を感じることもないのに、見えるからこそ見えない状態が非常に不安になる」（松田美佐[13]）ので、恋人や配偶者の所在や行動を携帯電話で常に監視するようになる場合も少なくない。相手の見えない世界を含めて他者を信頼するという感性が阻害され、人間関係の基盤である信頼関係の崩壊に至らざるをえない（人間不信に陥らざるをえない）のは何とも皮肉な結果である。インターネットやさまざまなメディアを通じて、簡単に多くの情報を得ることができて極めて便利になってきた一方で、例えばある店で安いと思って買った商品が、別の店で「千円安く売られている」というチラシ広告を読んでがっかりし心穏やかでなくなってしまうように、我々人間は些細なことでも、配偶者や恋人の出来心や浮気などの行動にしても、知らない方がかえって幸せな情報もあるのである。

　中学生や高校生のいる家庭では、毎月の電話料金を巡って親子の葛藤や喧嘩が絶えず、心穏やかでない親や子どもも増えている。かつて家の電話（“イエデン”）同士で子どもたちが友だちと話していた電話料金に比べ、イエデンとケータイ、ケータイとケータイ間の料金はその倍以上であり、夏休みともなるとイエデンとケータイあわせて１ヵ月４万円～５万円を払わせられる親が少なくなく、不況の世の中にも関わらず、ケータイやインターネットにより家計が圧迫されているのも事実である。便利さと引き換えに、ＩＴ不況、携帯不況（高校生や大学生のアルバイト代や若いサラリーマンやＯＬの給料のかなりの部分が電話代に使われ、その分さまざまな物が買われなくなってしまっている実情がある）などとも呼ばれているように、ＩＴ革命は経済問題まで引き起こ

してしまっているのである。

　これからの人間関係に関しても次のようなことが危惧される。携帯電話でつるんだ交友関係が日常的になると，街角や大学キャンパスや旅の途中で「袖触れ合うも多生の縁」のような，他者に開かれた「人間関係の偶然性をどんどん排除していくことになるのではないか。"タコツボ化"するというか，自分が選んだ人間関係ばかりに自閉して行くという可能性がある」（松田美佐[14]）。こうした行動傾向は，ＩＴ時代に生きる人々の，所属集団のメンバーの同質化や排他的傾向を助長したり，自閉的世界に生きることに拍車をかけることになりかねない。

　また携帯電話の普及に伴い，待ち合わせ時に人々が約束の時間を守らなくなったとも言われている。これはまさしく誰にとっても貴重な時間の軽視であり，他者の軽視と言わざるをえない。このままでは「待ち合わせの概念自体もなくなってしまうし，遅刻という概念もだんだん変わっていってしまう」（川浦康至[15]）かも知れないが，それではまったく本末転倒なのではなかろうか。計画性の乏しい日常生活を助長してしまうことになりはしないか心配でもある。

　携帯電話やインターネットはまさしく便利だが，一方でIT全盛の21世紀は，人間らしく心穏やかに生きていくのが大変な世の中になった。バーチャルな世界と現実の区別が曖昧になったり，知らず知らずに周囲の人を傷つけるなど，一歩間違えば，社会生活や人間関係の崩壊を招きかねない状況にある。どうしたらこの「ＩＴ時代」に豊かな人間関係を取り戻し，メンタルヘルスを回復できるのかを考えていきたいと思う。

おわりに

　ＩＴ時代の人間関係を考えるにあたっては，人間関係学の基礎学習（例えば，筆者が大学教育，看護教育，福祉教育，心理臨床教育，社会人教育で実践している「現象学的人間関係学」の学習（レジュメ〔〈参考資料１〉講座「人間関係学入門」〕参照））と，日常の対人関係を各々が（グループ討議やグループ活動，社会的活動を通じて）互いに問い直すことが求められよう。また，先にも指摘したテクノロジー・アセスメントの能力や，自分にとって本当に必要な情

報を取捨選択したり，情報の内容を吟味する能力を向上させていくことも急務
であろう。

　そこで次章以降で，さまざまな角度から，ＩＴ時代に生きる人々の人間関係
とメンタルヘルスの問題を考えていきたい。

〈注〉

1）早坂泰次郎『人間関係の心理学』（講談社現代新書，539），1987年，188頁

2）フロム・E（鈴木晶訳）『愛するということ』紀伊国屋書店，1991年

3）例えば，「朝日新聞」（2001年5月20日，社会面）

4）小此木啓吾『ケータイネット人間の精神分析』飛鳥新社，2000年，111頁

5）宮木由貴子「朝日新聞」（家庭欄“家族のきずな―ITがやってきた”4，2001年5月2日）

6）藤原智美『家族を「する」家』プレジデント社，2000年，122-127頁

7）橋本良明「朝日新聞」（家庭欄“家族のきずな―ITがやってきた”1，2001年4月29日）

8）宮木由貴子，前掲

9）ラナ・F・ラコウ，他「リモコンママの携帯電話」（『現代のエスプリ』405号，2001年，106頁）

10）宮木由貴子，前掲

11）藤竹暁「携帯電話と社会生活」（『現代のエスプリ』405号，2001年，14頁）

12）電子メールによる出会い系サイトとともに「面識のない異性との一時の性的好奇心を満　すための交際を希望する者に会話の機会を提供する（風俗営業法の説明）」テレクラ（テレホンクラブ）は，様々な犯罪の温床になっている。

13）松田美佐「携帯電話と社会生活」（『現代のエスプリ』405号，15頁）

14）松田美佐，前掲，21頁

15）川浦康至「携帯電話と社会生活」（『現代のエスプリ』405号，21頁）

〈参考資料1〉

講座「人間関係学入門」（担当：小川憲治）

1．テキスト
A：早坂泰次郎『人間関係の心理学』（講談社現代新書 539）
B：早坂泰次郎・足立叡・小川憲治・福井雅彦『〈関係性〉の人間学』川島書店

2．学習内容
（1）日本人の人間関係の一般的特徴（VS 欧米の人間関係）を理解する
　1）集団主義（VS 個人主義）
　2）単一言語国家（A：p.14），島国，閉鎖的（VS 開放的）
　3）同質文化（ＶＳ異質文化）
　　・察する（VS 自己主張）
　　・異物を排除（いじめの構造，排他性）
　　・つながり（あいだ）（A :p.189）
　4）ウチとソト，世間（VS 自己と他者，社会）（A：p.149）
　　・ナカマ（つながりのある人々）とヨソモノ（つながりのない人々）（A：P.17）
　5）タテマエ（VS ホンネ）
　　・よい人間関係（VS ほんとうの人間関係）（A：p.178）
　　・全員一致の議決がタテマエ（VS ユダヤでは全員一致は無効）（A：p.190）
　　・関東（タテマエ）と関西（ホンネ）
　6）恥の文化（VS 罪の文化）
　7）甘え（VS 自立）
　8）タテ社会（VS ヨコ社会）
　　・子ども中心の家庭（VS 夫婦中心）（A：p.164）女・母・妻
　　・親子－内－存在（VS 世界内存在）（A：p.169）

（2）人間関係学の方法論的基礎を学ぶ必要性がある
（2－1）グループ活動，人間関係を学ぶにあたって
　1）苦労したり煩わしい面もあるが，かけがえのない出会いや喜びもある。
　2）頭で分かっているのと行動に移せる（実践できる）ことは雲泥の差である。
　3）理論なき実践は盲目であり，実践なき理論は空虚（レヴィン）である。
　4）悩みや問題を抱えていても難しいの一言で不問に付されがちである。
　5）自身の対人関係，グループへの参加態度，リーダーシップなどを問い直さざるをえない。
　6）人間関係学としての現象学（B：p.140）の基礎を学ぶ。
（2－2）現象学的人間関係の心理学による理解
　1）パーソナリティ
　　対人関係の場面場面，時点時点で微妙に変容していく，世界との関わりを通じて感知
　されるその人らしさ（相互主観的に感知される事実）A：p.70～

2）環境世界と体験世界
　我々人間は「世界内存在」（ハイデガー）であり，以下のような時間，空間，自分の身体，さまざまな事物，自分以外の人間（他者），社会的事実性（第2の自然）などにより構成されている世界の中で，世界との関係の中で生きている。その世界は物理的な環境世界，一人ひとりの人間にとっての体験世界，他者との共同世界として理解できる。
　　①　時計時間と体験時間（世界時間．私時間）A：p.97 〜
　　②　物理的（光学的）空間と生活空間（レヴィン）（体験的空間：歴史的空間, 現前空間）（A：p.102）
　　③　肉体と身体（身体の両義性（メルロー・ポンティ）：対他的身体と主体的身体）（A：p.130，B：p.88）
　　④　事物との関係（不用品，必需品や大切な事物／自然物と人造物）
　　⑤　よい人間関係とほんとうの人間関係（A：p.178）
　　⑥　機能的関係と情緒的関係
3）社会的事実性
　個人と社会とを相互浸透の関係にあるものとしてとらえる方法論的概念であり，社会的事実性の観点から社会的な存在である我々人間の生きる世界を問い直す必要がある。（B：p.106）
（クワント，R.C. 1984『人間と社会の現象学』勁草書房 p.181-232）社会的事実性の具体例としては，第2の自然とも呼ばれている集団，組織，役割，言語，制度（例えば自由）などがあげられる。
　　①　組織の中の人間と人間の中の組織，官僚的組織と活性化した組織
　　②　社会的役割と役割行動（B：p.195 〜）
　　③　文法，語法，語彙と話された言葉，書き言葉
　　④　場（制度）としての自由と事実（体験）としての自由
4）集団（グループ）とは（A：p.83 〜 84）
　　①　何人かの人々が対面的に存していること。
　　②　それらの人々のあいだに相互関係が成り立っており，お互いが大なり小なり，「知り合い」であること。
　　③　それらの人々と全員に1つの共通の目標，ないし共通の認識ができていること。
　　④　その集まりが集団と呼ばれるためには，そうした状態がかなりの期間持続すること（体験時間の共有）。
5）グループへの参加過程（プロセス）：
　　・グループ体験（メンバー全員が今私達は1つと感じる）とグループ内体験（A：p.121 〜）
　　・グループ体験は共同主観的（A：p.123）
　　・主体的参加と形式的（義理による）参加
6）集団の病理（閉鎖性，自浄能力の欠如など）とその克服
　　・閉鎖性，同質性，排他性（異物の排除：いじめの構造）
　　・開かれたグループ，生産的なグループ（組織の活性化）をめざす

（2－3）現象学的人間関係学の方法論的基礎（B：p.140「人間関係学としての現象学」）
1）関係の先験性（縁），関係的（社会的）存在（B：p.98）
築いたり壊したりする機能的な人間関係（経験的事実）ではなく，普段は忘却しているが誰にも否定できない深い人との関わりの存在論的様相を“関係性”と呼ぶ。対象者と援助者は単なる機能的な援助関係ではなく，関係性を基盤とした対人関係の中で相互理解や関係性の発見を目指すことが求められる。
2）人間関係（human relations）と対人関係（interpersonal relationship）（B：p.7〜9）
前者は一般的な人間関係，後者は特定のＡさんとＢさんとの対人（人格間）関係として区別する必要がある。
3）既知への問い vs 未知への問い（B：p.141〜）
日々の人間理解（他者理解，自己理解）は，初対面を除き，“既知への問い”である。
4）〜について知る（to know about someone）vs 〜を知る（to know someone）
人間の理解の仕方は２通りある。前者は情報として知る，後者は直に対象者と関わり五感（身体）を駆使し知る（W．ジェームズ）。
5）頭で分かる／身体で分かる（例：腑に落ちない，肌が合う）（B：p.79〜）
相談援助のプロセスは相互身体的な関わりであり，理性と知性による知識の所有ではなく，相手の気持ちを身体で感じ，相互に理解し合い，変容し得ることが重要である。
6）「ある」と「いる」（B：p.119〜）
「ある」とは事物や肉体としての人間（心ここにあらずの状態を含む）の実在を意味し，「いる」とは身体としての人間の存在（実存）を意味する。一般に“臨床的（clinical）”の語は医療，看護などの活動を行う場や活動そのものを表す言葉（場や領域としての臨床）として用いられているが，本来は治療者や援助者が患者やクライエントと共に「いる」そのあり方や態度（方法としての臨床）を意味する言葉である。（B：p.117-118）
7）人間関係の２面性（両義性）
例：同一（共通）／相違，つながり／あいだ，
よい人間関係／ほんとうの人間関係，タテマエ／ホンネ，
機能的（役割）関係と情緒的（人格的）関係，
自立／依存，支配／服従，自由／規律，
楽しい／煩わしい
8）相互性（例，助ける／助けられる，教える／教わるなど）：
育児＝育自，教育＝共育
相互浸透性（B：p.102）
援助活動は一方的なものでなく，相互的（相互浸透的）な営みである。独りよがりな一方的な援助は対象者に不全感や不快感を残し，援助者は疲労感や徒労感にさいなまれる（もえつき症候群に陥る）可能性が高いので，常に援助関係の問い直しが必要である。
9）援助者と対象者の役割（援助）関係
援助者と対象者の役割関係は常に固定的なものでなく，援助のプロセスの中でさまざ

まに変化し得る。たとえば役割を超越し，ブーバー（Buber, M.）が述べた"我と汝の関係"のような人間同士の出会いに到ることもあり得るのである。援助者は単に役割を機能的に遂行するだけでなく，役割に自由（role free role）であることが望ましい。

①社会的役割と応答的役割（役割行動）（B：p.199～）
②役割意識と役割距離（B：p.207～）
③役割行動（B：p.209～）
　　ⅰ）役割演技（role playing）
　　ⅱ）役割採用（role taking）
　　ⅲ）役割創造（role making）

（3）より豊かな人間関係を実現する（相互理解を深める）ためには，頭で理解するだけではなく，以下のような人間関係教育（体験学習，社会的活動など）が求められよう。

1) 他者の生きる世界（時間，空間，身体，事物，対人関係）の理解
2) 対話の精神（話す vs 言う）：見る，聴く，感じる，受容する，応える，共にいる
3) 言葉にこめられた気持ちの理解（共感）と豊かな感情（ホンネ）の表出
4) 思いやりの精神（相手の立場，気持ち，自分との相違）：押しつけは禁物
5) お互い様の精神（自分が嫌いだと相手も嫌ってることが多い，人間関係のトラブルは一方だけに非があることはほとんどない）
6) 相手の長所を発見して誉める（欠点の目立つ人にも長所あり）
7) 成長（変化）の可能性を信じる（信頼関係）
8) よい人間関係とほんとうの人間関係のバランス

2章 「自閉的世界」に生きる現代人

　本章では，ＩＴ時代の人間関係を考える際の参考として，筆者が 20 年ほど前に痛切に感じた問題意識を記した拙著を振り返って考えてみたい。

　近年の，都市化，情報化などの進展に伴い，現代社会に生きる人々の，人間関係の希薄化，孤立化の問題が顕在化してきた。「隣はなにをする人ぞ」，「カウチ・ポテト族」，「オタク族」などの用語の流行，アニメおたく，ファミコンマニア，ハッカーなどの増加，Ｍ（宮崎勤）事件の発生，新興宗教の隆盛，アルコールや薬物への依存，登校拒否の増加などは，そうした風潮を象徴しているともいえよう。またテレビゲーム，パソコン，ビデオ，ウォークマン（ヘッドホン・ステレオ）などの「一人遊びの道具」が普及し，生身の人間との関係よりも，そうしたエレクトロニクス機器との関わりが増加し，人々がいわば「自閉的な世界」に生きる傾向に拍車をかけている観もある。

　ここでは，そうした自閉的な世界に生きる人々の人間関係の諸問題，およびそうした人々が自分を知ることのむずかしさに関して，いくつかの事例を通じて検討していきたいと思う。

1．ワープロをインプットしながら話がうわのそらのWさん

　まずはじめに，情報化の進展が著しい現代社会における極めて日常的な，ありふれたエピソードを紹介したい。

　Wさんはある会社の研究所の有能な女子職員（年齢 30 歳）である。仕事もできるし，いつも明るく，人をもてなす態度にも心がこもっていた。出版社勤務のＳさんはいつも，その会社を訪問して，Wさんと話をするとほっとするようなところがあった。ところが，あるとき，Ｓさんが久しぶりにWさんを訪ねると，いつものWさんとは違っていたのである。「こんにちはWさん」と

あいさつすると，いつも魅力的な瞳で「いらっしゃい」と応えてくれたWさんが，せわしなくワープロに向かいながら「こんにちは，今忙しくてごめんなさい。この書類あと1時間で仕上げなくてはならないの」とそっけない。ちらっとSさんを見たかと思うと，Wさんの目はワープロと原稿をめまぐるしく行ったり来たりして落ち着かない。目が多少吊り上がった感じである。いつもなら，笑顔でお茶を入れてこちらの話を聴いてくれるのに，話もうわのそらである。ときどき「キャー，"回復"が"海部区"になっちゃった。ウフフ，オバカサンね」などとおかしな漢字に変換されるたびに一人で笑い出す。Wさんに折り入って原稿執筆の仕事を依頼しようと思っていたSさんはイライラしている。「このワープロなかなか思うように動かないの。イライラしちゃう」そのワープロを購入してからほぼ1ヵ月になるという。結局SさんはWさんと5分ほど世間話をしただけで「また来ます」と言って帰ってしまった。Sさんは非常に残念な気持ちであった。せっかくWさんの人柄を見込んで仕事を頼もうと思っていたのに，Wさんと話しているうちになぜか仕事の話をきりだしたくなくなったのである。つまりWさんが変わってしまった，Wさんの世界が変わってしまったのである。

　Sさんをはじめ他者へと開かれていたWさんの豊かな世界が，ワープロとの関係が中心の自閉的な世界へと変化したことをこのエピソードは物語っている。ワープロに向かったWさんにとっての一番の関心事はいかにワープロを思いどおりに操作して，時間内に書類を仕上げることができるかである。久しぶりにたずねてきたSさんとの関わりは，Sさんが「うわのそら」と感じたように表面的な，「我－それの関係（ブーバー）[1)]」でしかなくなっている。Sさんがイライラしたのも，仕事の話をきりだしたくなくなったのもWさんとSさんの関係がこれまでの気持ちの通ったいわば「我－汝の関係」から「我－それの関係」へと変化したからであろう。結果的に，WさんはSさんを「モノ」化し，Sさんの気持ちを理解できず，知らず知らずSさんを無視し，イライラさせ，残念な気持ちにさせてしまったわけである。人間であれば誰だって，Sさんのように，いいかげんにうわのそらで応対されたり，無視されたり，自身を「モノ」化されたらたまったものではない。しかしながら，実際のところWさんのようにそのことに気づいていない場合がかなり多い。Wさんの場合，Sさんの気持

ちを受け止められず，結果的にSさんを無視したことをWさん自身まったく気づいていないし，ワープロとの関係が中心の自閉的な世界に生きているとの自覚もないわけである。Wさんの事例を通じ，自閉的な世界に生きる人が，自分を知ることの難しさをあらためて痛感させられる。Wさんの場合，Wさん単独で自分を知ること，そうした自分に気づくことは極めて難しく，むしろ，Sさんや第三者がWさんにそうした事実の理解を求めて関わっていった時に，はじめてWさんがそのことに気づく可能性が開かれることになろう。すなわち，我々人間は，単独で「自分を知る」ことは極めて難しく，他者との関係の中でその可能性が開かれていくことが理解できよう。

2．ウォークマン騒音傷害事件の意味するもの

次に，使い方によっては，ワープロよりも物理的に他者を拒否し，自閉的な世界を実現可能なヘッドホン・ステレオ「ウォークマン」をめぐる小さな事件を通じて考えてみたい。近年の，ヘッドホン・ステレオの普及はめざましいものがあり，通勤，通学の満員電車やバス，歩行中の時－空間を心地よい音楽の世界に変えることが可能である一方，自分だけの世界に閉じこもり，快適さを味わうという，自閉的，孤立的側面もある。その顕著な事例として，新聞でも取り上げられた大学生の暴行事件がある。「ヘッドホン騒音ついに傷害事件，車内，注意され殴る。T大生逮捕」の見出しで次のように報じられている。

「東急大井町線の電車の内で4日朝，聴いていたヘッドホン・ステレオのボリュームを下げるよう注意されたことに腹を立てた大学生が，注意した相手の顔を十数回も殴って2ヵ月の大ケガをさせ，傷害の現行犯で逮捕された。
　捕まったのは東京都品川区［在住］T大工学部3年，Y（21歳）。田園調布署の調べによると，Yは同日午前9時25分ごろ，二子玉川園行き電車（6両編成）の前から3両目，進行方向右側の座席に座っていたが，電車が荏原町から旗の台駅に向かっている途中，向かい側ドア付近に立っていた横浜市港北区（在住）都営地下鉄運転士Iさん（39歳）から，「音がうるさい。ボリュームを下げろ」と注意された。Yがこれを無視したので，IさんがY

の耳からヘッドホンを引き抜いた所，Yが突然，Ⅰさんの頭を左腕に抱え込み，右手こぶしで十数回殴った。

　Ⅰさんはに「次の駅でおりよう」と促したが，2人がもみ合ったまま，電車は3駅先の大岡山駅に到着，Yは騒ぎに気づいた駅員に取り押さえられ，同駅前派出所に突き出された。Ⅰさんはあごの骨が折れて2か月の重傷。

　事件当時，車内には約60人の乗客がいたが，ほとんどの乗客は立ち上がることもなかったという。Yは調べに対し「勝手にヘッドホンを抜かれたので頭に来た」と話している。」[2]

この事件は，単に社会性が未熟な大学生の犯行と言ってしまえばそれまでであるが，見方によってはウォークマンを愛用する自閉的あるいは自己中心的な青少年の一面を象徴しているようにも思われる。

その後，後日談としてこの事件に関しては次のような新聞報道があった。

　「拘置中のYは（注意された時）「無視していればどこかへ行くだろうと思った」「（ヘッドホンが落ちて）新品の機械が壊れたと思ってカッとなった」と自供し，自分がしたことの重大さを身にしみて感じている様子だという。高校時代からゲームソフトの開発が得意で専門誌にも載り，ヘッドホン・ステレオも次々と買い換えていたというYだが，友人の一人は「去年の春，一緒に電車に乗っていて音が気になったので「もう少し下げたら」と手で合図したときはすぐ応じてくれたのに」と残念がる。

　一方，当日泊まり明け勤務で帰宅途中だったⅠさんは，車掌が拾うことになっている車内のゴミも自分で集め，禁煙の地下鉄の駅での喫煙者には必ず注意してきた。事件後，勤務先や自宅にはⅠさんの勇気をたたえる電話がいくつもあった。

　不幸な結果を招いたヘッドホンの騒音。その悲劇を繰り返すまいと，都営地下鉄はさる13日から「ボリュームちょっとおさえて音（ね）」というコピーのポスター500枚を各駅に張り出した。

　……（中略）……

　ヘッドホン・ステレオが初めて日本に登場したのは10年前。メーカーは

使用説明書で「音漏れへの配慮」を呼びかけ，最近になって「音漏れ軽減」をうたい文句にアダプターにシリコン・ゴムを使った新型ヘッドホンを売り出したところもある。しかし，これでも音漏れは完全には防げない。

　ヘッドホンは低音部が聞き取りにくく，さりとて音量をあげればただでさえ聞こえやすい高音部が外に漏れる。結局は一人一人のマナーが決め手になるが，異例のポスター作戦が「他人への思いやり」を思い起こさせるよすがになるかどうか。」[3]

　以上の2つの記事を通じて次のことが考えられよう。まずT大生Yの対人関係に問題があったことは明らかである。目の前にいるIさんの問いかけを無視したが，ヘッドホンを引き抜かれたことでカッとなって（新品の機械が壊れたと思って）Iさんを殴ったとのことであるが，このことはYが他者との関係からまったく切り離された，自閉的な世界に生きていたことを物語っている。この時のYの世界は新品のヘッドホン・ステレオとの関係がすべてであり，注意したIさんはYにとっては他者ではなく，自分の快適な世界（音楽空間）を妨害する障害物としか感じられなかったのであろう。Yはまさにブーバーのいう「我―それの関係」にしか生きておらず，他者との関係は解離してしまったといえる。これはまさにYの対人関係の病理以外の何物でもなく，この事件は起こるべくして起こったといえよう。Yの友人が去年の春にはヘッドホンの音を注意したらYがそれに応じてくれたのにと残念がっているが，その時点ではYの他者との関係が開かれたものだったことを物語っている。その時Yは自分のヘッドホン・ステレオの音が他者に対する騒音となること，つまりYが友人の騒音による不快な世界を理解できたのであるが，事件発生時は，Iさんの不快な世界をYがまったく理解できなかったのである。1年半の間にYの世界が変化したと見ることができよう。

　本来，我々人間の存在は他者との共同相互存在（Miteinander Sein），つまり関係的存在であるにもかかわらず，Yのようにヘッドホン・ステレオを次々と買い換え愛用している者にとっては，そうした関わりが，その人本来の在り方を疎外し，自閉的な世界へ引きこもることを助長したとも考えられる。この点に関し，現象学的哲学者クワント（Kwant, R.C.）が「孤立した人間とは一

つの抽象であり，現実を考慮に入れない精神の産物である。」[4]と述べている
ように，Yはヘッドホン・ステレオを愛用することにより他者から孤立してし
まい，人間関係の現実を考慮できなくなってしまったのではあるまいか。Yの
存在様式の変化にYとヘッドホン・ステレオの関係がかなり大きな影響を与え
たと考えることができよう。

またYが高校時代からゲームソフトの開発が得意であったということが報じ
られているが，この点もYの対人関係の病理に影響を与えたことが十分考えら
れる。筆者はコンピュータ労働者やパソコンマニアなどコンピュータにのめり
込んだ人々を「コンピュータ人間」[5]と命名し，その人間関係の病理に関し研
究を行なってきたが，その典型的な病理の特徴として対人関係の希薄さや自閉
的な世界に生きることの問題を指摘してきた。Yの場合も，ヘッドホン・ステ
レオだけでなくコンピュータとの関わりも事件の背景として十分考慮されなけ
ればなるまい。

ヘッドホン・ステレオ（ウォークマン）と呼ばれるテクノロジーの産物もや
はり，快適性や利便性を供与できる可能性というプラス面と，騒音を出したり，
他者との関係を遮断する可能性というマイナス面がある。この二面性がどのよ
うに発現するかは，それを人々が家庭，職場，学校，その他公共の場などにお
いて，我々が他者との関係の中で，その産物とどう関わっていくかにかかって
いるといえよう。

3．テレビゲームやコンピューターの世界への没入傾向を考える

そこで，こうしたアニメビデオ，テレビゲーム，コンピュータなどの自閉的
な世界へ没入しがちな人々の病理現象の考察を通じ，その背後にある社会病理
現象を明らかにしたい。

最近ファミコン，パソコン，ビデオなどの普及と共に，テレビゲームや映像
などの無機的な世界へ没入する青少年が増えてきており，子どもたちの心身の
発達上の問題や，さまざまな社会的な事件の発生要因としてその問題点が各方
面から指摘されている。例えばビデオコレクターMによる連続幼女誘拐殺人事
件（1989年[6]）などは記憶に新しいところであり，こうした事件を契機に本

問題の重要性があらためて認識されはじめた（M事件の場合，各分野の有識者によりさまざまな分析がなされているが，おおむね，いわゆるフェティシズム（拝物愛）をその主要因としてあげているものが多いと思われる）。かけがえのない人間存在がビデオなどの映像に収められモノ化されて事物と同様に取り扱われたり，映像やゲームの世界と現実の人間世界との区別がつかなくなるのだとすれば大きな問題である。Mの場合，そうした自閉的な世界に生きるうちに，喜怒哀楽の感情が解離し，人間の死についてさえも何も感じられなくなってしまったのであろう。

　また同時に，職場，学校，家庭などの人間関係が希薄になったり，現実の生活から逃避し，社会的に孤立しがちなことも問題である。最近筆者のところにも，１日中テレビ，ビデオ，ファミコンなどと共に過ごす登校拒否児やファミコン少年の親からの相談が多くなり，また夫や子どもがテレビゲームやコンピュータにのめり込んで困っているとの手紙による相談なども来るようになってきた。中には休日に１日10時間以上もテレビゲームに没入する40歳台のサラリーマンの妻からの訴えもあった。米国のハイテク産業のメッカであるシリコンバレーでは，コンピュータにのめり込み家庭に関心のなくなった夫とコンピュータ・ウイドウといわれる悩める妻の夫婦関係，家族内コミュニケーションの病理が問題となっており，「シリコン・シンドローム[7]」と呼ばれている。

　これらの問題をどうとらえていったらよいのであろうか。問題の検討にあたり事前に若干の方法論的吟味を行っておきたい。

　かつて米国の臨床心理学者クレイグ・ブロードがその著書『テクノストレス』（1984年）の中で，こうしたテレビゲームやコンピュータの世界へののめり込みを「テクノ依存症」と呼んで注目を集めた[8]。それ以来こうした問題の検討にあたっては，ブロードの所論が引き合いに出されることが多い。確かにブロードの所論は問題提起としては卓見であり，表面的な現象（フェノタイプ）としては明快にとらえてはいるが，問題の背景（ゲノタイプ）に関する検討，すなわち人間存在にとってのこの現象のもつ意味の方法論的な吟味には至っていないように思われる。例えば，テレビゲームにたまたまのめり込んだ人（ブロードはテクノ依存症の一言でかたづけてしまうが）の社会的背景には，その人の生きる職場，学校，家庭などにおける人間関係の病理，意欲喪失や，出社

拒否，登校拒否などの社会的不適応，神経症，精神病などのさまざまな病理が考えられる。表面的な現象だけでになく，職場，学校，家庭などその人の生きる世界や社会的背景も十分吟味していく必要があろう。

4．ファミコンマニアの登校拒否児の事例を通じて

そこで次に自閉的な世界へ引きこもったケースとして，筆者がカウンセラーとしてかかわったファミコンマニアの登校拒否児Ａ君の心理臨床の事例を取り上げ，自閉的世界から他者に開かれた世界への変容の可能性を考えてみたい[9]（面接過程の概要については7章参照）。

〈クライエント〉　小学校四年生男子Ａ君

〈主訴〉　登校拒否，ファミコンへののめり込み，対人不安

〈家族構成〉　父親（42歳）食品会社の技術者。仕事人間。Ａが小学2年生より大阪に単身赴任中。母親（40歳）専業主婦。礼儀正しく完璧主義。不安傾向が強い。Ａを溺愛している。姉（14歳）中学2年

〈ケース概要〉　幼少のころは病弱でおとなしく，家の中で本を読むのが好きで難しい本を読みこなした。躾はかなりきびしかった。小学1年の時に少年野球のチームに入るが1ヵ月でやめる。小学2年の4月ごろより文字が乱雑になりチック症状が出て地元の教育相談所へ相談に行き，母子ともにカウンセリングを受けた。「甘やかすように」との指導を受け，9月ごろまでには大分よくなった。夏休みごろからファミコンに熱中しだした。その約1年後の小学3年の10月ごろから，朝学校へ行くのを渋るようになり，その後徐々に欠席するようになった。翌年の2月より不登校。権威主義的な担任の先生が苦手。友人も少ない。家に閉じこもり，ファミコン，テレビ，マンガ中心の生活が続いた。中でもファミコンにはかなりのめり込んでおり1日10時間以上遊ぶこともあるという。姉との仲も悪い。テレビ，ビデオの使用権や金銭的な面でも張り合ったり，姉にさまざまな口出しをする。地元の教育相談所の紹介でＸ年8月母親と本人が来所。

初回面接の際に，母親からこれまでの経過を聴取すると共に，Ａとはファミコンの話をした。Ａは自分のことを「ファミコンの名人」と語り，研究熱心で

友だちに負けたことがないとしきりに自慢した。ファミコンの『スーパーマリオブラザーズ』の裏技を発見した話や，秋葉原で格安のゲームカセットを買った話などをした。あどけない顔とは対照的に，経済観念が発達しており，話の仕方も論理的で，大人っぽくさめた感じであった。母親と相談の上，Aの様子を見ながら10日に一度ぐらいのペースで母子合同の面接を継続していくことにした。その後しばらくの間は，Aとの会話はファミコンに関する話題が中心となった。9月下旬に単身赴任中の父親が単独で来所。母親からは頑固と聞いていたが，物腰の柔らかい人の良さそうな印象を受けた。「とにかく母親が甘やかし過ぎた。仕事が忙しく，子どもの教育を母親に任せ過ぎたのがいけなかった」と語る。Aについては，「友人との関係が途絶えていること，ファミコンにのめり込んでいること（Aがテレビゲームをしている時は無表情で，まるで廃人同様）」が気になるという。

その約半年カウンセリングを継続し，家庭教師（メンタルフレンド）の協力のもと，友人とも外で遊ぶようになった。翌年の3月には，久しぶりに学校の行事（学芸会）に参加し教室にも入った。その後時々登校し，3学期の終業式にも出席した。5年に進級後は，無理をせずAのペースで週2，3日登校するようになった。5月には，乗れなかった自転車にも乗れるようになったり，近所の子ども会の運動会に参加するなどAの世界が徐々に広がってきた。一方ファミコンに毎日向かうことはなくなり，やっても2，3時間で済むようになった。「前は雨の日の方が好きだったけど，今はお天気の方が好き」というAの言葉がそれを物語っている。7月には2泊3日の林間学校にも参加し，楽しかったという。2学期からはほぼ毎日登校するようになったので，Aとの面接は一応終結し，必要に応じて母親との面接を行いフォローアップしていくことにした。

A君の事例はまさにファミコン少年の人間関係の病理現象を象徴したケースといえよう。友人との遊びに関し「何人かで野球もしたいけど，やめたくなったら，すぐにやめられるのがいい」という来所まもないころのAの発言は，当時のAの対人関係の希薄さや，友人関係のマン・マシン関係化を表しており，まるで友だちとの遊びをTVゲームのスイッチをONしたりOFFしたりするのと同様に捉えていたと見ることができる。その当時のAが対人場面での耐性が

虚弱であり，遊んだり話をしてもいいと思う友だちや大人の許容範囲は極めて狭く，また関わり方も消極的かつ傍観的であったことが面接過程からも理解できる。また「ある童話の劇をやるとすればどの役がやりたいか」という仮定の質問に対して「見ている」と答えたＡの発言は，まさに傍観者的な，まるでテレビドラマやゲームの画面でも見ているような，あり方を表していたといえよう。

　本事例の場合，当初カウンセラーとしての筆者が登校拒否児Ａ君の自閉的なファミコンの世界をカウンセリング場面で共有し，一緒に楽しい話をしたことが，Ａ君との信頼関係を築き，その後の面接を継続させる原動力になったものと思われる。またカウンセリングのプロセスを通じてＡの世界が広がり，再び登校できるようになっていった背景には，カウンセラー，家庭教師など信頼できる他者との出会いや，家族，友人，先生などとの対人関係の回復が考えられよう。Ａが復学しつつあるのは，他者との関係の中でＡの自閉的な世界が，再び他者に開かれた世界へと変容していったことを表しているといえよう。

おわりに

　これまで，ワープロをめぐるエピソード，ウォークマン騒音傷害事件，ファミコンマニアの登校拒否児の心理臨床の事例を通じ自閉的な世界に没入する現代人の人間関係の病理現象を考察してきた。これまで述べてきたように，本問題は現実の生活から逃避し自閉的な世界へ没入するメカニズムを表面的に明らかにするだけでは根本的な解決にはなるまい。新興宗教への狂信，アルコールや薬物への依存，摂食障害など現代社会に生きる人々が直面するさまざまな問題の背景にも，自閉的な世界に没入せざるをえない社会病理や人間関係の問題が見受けられるからである。問題の克服にあたっては，その社会背景を十分吟味すると共に，カウンセリング，グループワーク，合宿治療[10]，家族療法など，現代人のあり方を問い直し，対人関係の回復や生活世界の変容をめざすアプローチを模索していくことが極めて重要であろう。

〈注〉

1）Buber, M.：Ich und Du, Heidelberg, 1958.（植田重雄訳『我と汝』, 岩波文庫, 1979 年）

2）「読売新聞」1989 年 10 月 5 日朝刊

3）「読売新聞」1989 年 10 月 17 日（都内版）

4）Kwant, R.C.：Phenomenology of Social Existens, Duquesne Univ, 1969.（早坂泰次郎
監訳『人間と社会の現象学』, 勁草書房, 1984 年）

5）小川憲治『「コンピュータ人間」―その病理と克服』, 勁草書房, 1988 年

6）宮崎勤事件。例えば『朝日ジャーナル』1989 年 10 月 6 日「解読 幼女殺人を生んだもの」
参照

7）Hollands, J.：The Silicon Syndrone, Bantam Books, 1985.

8）Brood, C.：Technostress, Addison Wesley, 1984.（池央耿・高見浩訳『テクノストレス』,
新潮社, 1984 年）

9）小川憲治「ハイテク時代のソシオーゼ」（『応用社会学研究』33 号, 立教大学, 1991 年）

10）高橋良臣「登校拒否児の合宿治療」（『心理臨床』1-4 号, 星和書店, 1988 年）

3章　情報化社会の人間関係とメンタルヘルス
──コンピュータ技術者の生きる世界──

　次に筆者が以前に実施した，情報化社会の人間関係とメンタルヘルスに関する調査研究報告をみてみよう。今回増補版を発刊するに当たり，あらためて読み直してみたが，現在ＩＴ技術者達が直面している苦悩や問題は、当時とあまり変わっていないとの認識を新たにした。

1. はじめに

　本研究は，情報化社会に生きる我々現代人の人間関係の病理現象を，現象学を方法論的基礎とする臨床社会心理学[1]の立場から明らかにすると共に，人々のメンタルヘルスを保持していくための対応策を検討することを目的としている。

　近年の職場や家庭における情報化，コンピュータ化の進展は目覚ましいものがある。職場にはＯＡ機器があふれ，家庭にもテレビゲーム，パソコン，ワープロなどが日用品のごとく普及してきており，人々は否応なしにこれらと共存せざるをえない。コンピュータや電子機器の普及により，我々の生活が便利で快適なものになってゆくのは大変望ましいことではあるが，その一方でそれに関わる人々の心身の健康や人間性を損なう恐れがあることも忘れてはなるまい。

　筆者はこれまで，コンピュータ労働に関わる人々のテクノストレス，青少年のテレビゲームなどへの没入化傾向などの研究課題と取り組んできたが，その過程で，それらの社会問題の背景として，我々現代人が対人関係の希薄化，孤立化，生きがいの喪失，他者への思いやりや深い情緒的体験の欠如など人間存在の根本をゆるがす問題に直面していることが明らかとなった（小川，1988，1990a，1990b，1991年）。そこで，本研究はそれらの成果を踏まえ，情報化社会に生きる人々の職場，学校，家庭などにおける人間関係の病理現象や，

その人の生きる世界の現実を，コンピュータ技術者やコンピュータの利用者らへのインタビュー調査により明らかにすると共に，その結果を手がかりに人間性の回復やメンタルヘルスの向上を図るための方策を検討することが中心課題である。

2．方法論的検討

　問題の検討に当たり事前に若干の方法論的吟味を行っておきたい。本問題に取り組むに当たっては，従来の臨床心理学，社会心理学，精神医学などの個々の分野の既存のアプローチでは対処し難い面がある。情報化社会に生きる人々の心の健康問題の代表的調査研究として，米国の臨床心理学者クレイグ・ブロードのテクノストレス研究などがあげられるが，本研究を進めるに当たって，あらかじめ方法論的な検討を行っておく必要があろう。

　ブロードは，その著書『テクノストレス』（1984 年）の中で，情報化社会に生きる人々のテレビゲームやコンピュータの世界へののめり込みを「テクノ依存症」と呼んで注目を集めた。確かにブロードの所論は問題提起としては卓見であり，表面的な現象（フェノタイプ[2]）としては明快にとらえてはいるか，問題の背景（ゲノタイプ[2]）に関する検討，すなわち人間存在にとってのこの現象のもつ意味の方法論的な吟味には至っていないように思われる。例えば，テレビゲームにたまたまのめり込んだ人（ブロードはテクノ依存症の一言でかたづけてしまうが）の社会的背景には，その人の生きる職場，学校，家庭などにおける人間関係の病理，意欲喪失や，出社拒否，登校拒否などの社会的不適応，神経症，精神病などのさまざまな病理が考えられる。それらの背景が十分吟味されないまま，表面的な現象だけをとらえてテクノロジー（コンピュータ）への過剰適応とするのは，あまりにも短絡的な印象を禁じ得ない。表面的な現象だけではなく，職場，学校，家庭などその人の生きる世界や社会的背景も十分吟味していく必要があろう。

　そこで，情報化社会に生きる人々の人間関係やメンタルヘルスの問題に取り組むために，本研究では，人々の生活世界や社会的背景を吟味可能な「現象学的アプローチ」をとることにした。臨床心理学などに見られる個体主義的な視

点や社会心理学などに見られる集団主義的な視点ではなく，社会的存在である生きた人間のあり様やその病理を人間関係のなまなましい現実に根ざした臨床的な視点からとらえていくことが肝要と思われる。

3．調査研究の方法と調査結果

調査研究の具体的な方法としては先にも述べたように，現象学的な臨床社会心理学の立場から面接調査（インタビュー調査）を実施した。また，調査研究の手順としては，インタビュー調査の内容と対象者の検討を行うために，まず旧知のコンピュータ関連企業に勤務するコンピュータ技術者，管理職，およびファミコンマニア（少年）とその家族にプレインタビューを行い，その結果をもとに具体的なインタビュー項目の検討を行った。その結果，1）コンピュータとの関わり，2）職場，家庭，学校における人間関係，3）日ごろ感じているストレスの程度，4）何が生きがいか，5）コンピュータ，仕事，趣味，アルコールなどへののめり込みの程度，6）生活世界（ライフスタイル），7）人生哲学，8）現在抱えている悩み，9）メンタルヘルス対策その他，などを中心にインタビューを実施することにした。調査対象者としては，コンピュータ技術者やコンピュータ利用者約10名をランダムに選定し，インタビューを実施した。その内容を整理，検討した結果はおおむね以下のとおりである。

【インタビュー調査結果の概要】

今回実施したインタビュー調査の中から，ここでは典型的と思われる以下の3ケースを取り上げ検討を加えたい。

①〈Aさんのケース〉

年齢26歳。専門学校（情報処理学科）卒業後，中堅のソフトウエア会社に約6年間勤務しているプログラマー。非常に真面目でおとなしい技術者タイプだが，芯は強そう。疲れ切った表情で現在の悩みを切々と語ってくれた。

「今，心身の疲労は限界に達しています。できればいわゆる"背広を着た土方"の世界から抜け出したい。転職を考え悩んでいます」，「大きなコンピュータシステムの歯車のような気がして。仕事を覚えたてのころは，おもしろいと思っ

たこともあったのですが，とにかく次から次へと仕事が入ってきて，まるでプログラム作成マシンのようでたまらない。たまにはゆっくり休みたい。疲れてるから，どうしても，やっつけ仕事になってしまいます」，「その上，身を粉にして働いても何も残らないような気がする。徒労感と疎外感がつのるばかりです」，「もっと人間的な仕事がしたいですね。だが，気がついたらコンピュータ以外のことにまったく疎い"専門バカ"になってしまっており，つぶしがきかないのが悩みです。大学受験に失敗して情報処理の専門学校に行ったのは間違いだったのかなあ。恋愛する暇も気力もないのが現状ですが，とにかく何とかしたいですね」。

　Aさんは，コンピュータは仕事だから使っているのであって，本来はあまり好きでない。テレビゲームもたまにはやるがそれほど好きではないという。現在アパートに一人住まいであり，友人は専門学校のとき一緒だった男の友だちが数人程度。職場の同僚とはたまに酒を飲みに行く程度で，あまり深い付き合いはないという。アパートの住人同士もほとんど付き合いがない。もともと人との付き合いはあまり得意なほうではなく，緊張しやすいタイプであり，特に職場の上司や取引先との付き合いは苦手とのこと。出勤日は残業で遅くなることが多いので，アパートに帰っても疲れているから，ビールを飲みながらテレビかビデオを見て寝るだけの空しい生活。趣味はパチンコと競馬で休日はそのどちらかをやって気分転換をはかっているという。もし，今度転職するとしたら（何でも選べるとしたら），屋外で体を使う仕事，時間が来たらすぐ帰れる残業のない仕事がいいという。

　Aさんの場合，職場や私生活における人間関係が希薄であり，また生きる世界がかなりせまいのが特徴である。仕事も私生活も単調でマンネリ化しており，生きがいを感じることができない。さりとていつも仕事で疲れきっており，「何とかしたい」といいながら何をして良いか分からない，何をしたいのかが分からないというのが一番の悩みなのであろう。まさに，苛酷なコンピュータ労働の真っ只中で，疎外感や徒労感を感じながら実存的フラストレーション（Frankl, V.E., 1955）に陥っているのであろう。Aさんにとっては，自身の生き方を問い直し，職場の仲間や友人などとの人間関係の回復と生活世界の変化をめざすことがまず必要であり，そうした他者との関わりの中で生きがいを感

3 章　情報化社会の人間関係とメンタルヘルス　　45

じられるような仕事や社会的活動を見いだすことが大切であろう。

②〈Bさんのケース〉

　年齢 40 歳。大学（理工学部）卒業後，大手コンピュータメーカーに勤務。
銀行業務のシステム開発に従事しているシステムエンジニア。中間管理職でも
ある。

　典型的な仕事中毒の「会社人間」であり，またコンピュータとの関係のよう
に他者と関わってしまう，筆者の命名するところの「コンピュータ人間」（小川，
1988 年）ともいえよう。残業も多く（月間 100 時間程度），家にも仕事を持
ち帰ってパソコンに向かうことも多かった。休みの日も，家で自室にこもり仕
事をすることが多かった。2 年前，中学 2 年の長男が登校拒否になり，これま
での生活を問い直さざるを得なくなったという。Bさんは当時をふりかえって，
次のように語った。

　「それまで，仕事に追われ，妻や子どもとゆっくり話をする時間がほとんど
ありませんでした。子どもの教育は妻任せでしたので，息子が学校へ行かなく
なった時はびっくりしました。当時は何も分からずに，息子や妻を責め喧嘩も
しましたし，自分自身も随分悩みました」，「それ以来家族と一緒に過ごす時間
を確保できるよう心がけています。これまで，がむしゃらにやってきた仕事
は自分にとってどういう意味があったのか，何のために働くのかということを
問い直さざるをえなくなりました。職場では，同僚がどんどん系列会社に出向，
転属させられ，明日は我身といったところですし，終身雇用制が崩壊しつつあ
る今，これから先どのように生きていったら良いか悩んでいます」。

　Bさんの場合，コンピュータは三度の飯より好きなほうであろう。「コンピ
ュータはおもしろい。思いどおりに動かせるし，曖昧さがないのがいい」とい
う言葉がそれを物語っている。読む雑誌もコンピュータ関係が多いし，家でも
趣味でパソコンなどをやっているという。職場ではその実力が認められ，一応
やり手の課長で通ってはいるが，「若い社員の気持ちが分からない」と，部下
とのコミュニケーションギャップで悩んでいるとのこと。仕事が忙しいので会
社の仲間と酒を飲みに行く機会も少ないようだ。家族との関わりも息子が登校
拒否になるまでは希薄だった。家には寝に帰るような生活だったし，仕事を持

ち帰ることも多かった。1年に数回，思い出したように外食をするなどの家庭サービスが精一杯だった。息子ともあまり遊べなかったし，妻ともまともな会話は交わさなかったという。Bさんの妻は「仕事が忙しいと，気難しい顔をしているし，たまに暇だとかえって機嫌が悪いしどうしようもない。時々コンピュータと話しているような感じがした」とさじをなげていたという。趣味はパソコンとオーディオで，休みの日も自室で仕事か音楽を聴くか，出かけても秋葉原などのパソコン，オーディオ店などをぶらつく程度であったとのこと。

　Bさんは息子が登校拒否になるまでは，自分自身の生活や生き方に何の疑問も感じず，ただがむしゃらに働いていたが，自分自身を仕事中毒の「会社人間」だとは思わなかったと語っている。これまで，社会学や社会心理学の分野では，こうしたBさんのようなケースを疎外という概念で論じてきた。だが，疎外という概念だけで説明してしまうと，Bさんの家族の悩みや，思いが捨象されてしまう可能性がある。また一般に，真に疎外された精神病患者に病識がないように，「会社人間」本人が自分自身の異常性に気付かない場合が多い。Bさんの場合，登校拒否をした息子に「遊んで欲しい時にちっとも遊んでくれなかった」と言われたり，妻に「話を聴いて欲しい時に聴いてくれなかったし，家にいて欲しい時，いてくれなかった」と言われ愕然とし，その時はじめて自分は仕事中毒の「会社人間」だったことに気付いたという。Bさんはこれまで大企業の優秀なエリート社員として何の疑いもなく仕事一筋の人生を生きてきたわけであるが，息子の登校拒否を契機にそうした生き方を問い直さざるを得なくなったのであろう。

　現象学的に言えば，それまでのBさんは，コンピュータビジネスの世界に生きていたのであり，Bさんの家庭には父親が不在であったのである。Bさんにとって家は寝に帰る場所であり，労働力再生産の場であったにすぎず，また家族にとってはBさんが家計を支える給料運搬人以上の存在ではなかったのである。そうしたBさんが，息子の登校拒否をきっかけとして，自身のあり方を問い直し，家族との関わりを回復させつつある今は，"父親不在"であったBさんの家庭に父親が戻ってきたのであり，Bさんは「会社人間」ではなくなったのである。またBさんはただの「会社人間」ではなく，Bさんの妻が語っていたようにコンピュータビジネスの世界にどっぷりと漬かった，コンピュータ中

毒の「コンピュータ人間」でもあったのであるが，「会社人間」でなくなったと同時に「コンピュータ人間」でもなくなったといえよう。このように「会社人間」や「コンピュータ人間」を脱するためには，その人の生き方や人間関係を問い直すことができるような何らかの契機が必要である。筆者も関わっているIPR（対人関係）トレイニング[2]などは，参加者にそうした機会を提供する試みであり，情報化社会に生きる人々が豊かな人間関係を育みメンタルヘルスの向上を図っていくためには，そうしたアプローチを広く啓蒙していくことが肝要であろう。

③〈Cさんのケース〉

　年齢48歳。大学（経済学部）卒業後，大手コンピュータメーカーに15年ほど勤務した後，約5年間のソフトウエア会社勤務を経て，現在仲間と創設したソフトウエアハウス（社員約100名）を共同で経営している。現役のシステムエンジニアでもある。

　不況の中で堅実な会社経営に日々努力しているCさんの話を聴いた時，健康的で誠実な人柄と，ソフトウエアハウス経営者としての資質が感じられた。タテマエではなくホンネで生きているCさんの話は歯切れがいい。

　「この仕事はやはり好きじゃないとできないですよ」，「お客さんから仕事を依頼された時，努力すればできる仕事はできる，逆立ちしてもできない仕事はできないとはっきり意思表示することにしています」，「最近の若い社員は人とコミュニケーションがとれない，客と話ができない，従ってお客さんのニーズが把握できないというのが悩みの一つです。その結果いい仕事，いいサービスができない，お客さんが喜んでくれなければ，この仕事をしてよかったという実感，やり甲斐，達成感なども感じられない。したがって仕事の面白さが分からないので，言われたことしかやらなかったり，面白くないからやめたいというふうになってしまいがちなんです」，「コンピュータは魔物ですよ。コンピュータには感情がないから。仕事というのはある程度気分でするもの，人は気持ちで動くところがある。部下の気持ちが分からなければプロジェクト管理ができるわけないし，お客さんの気持ちが分からなければいい仕事ができるわけない」，「システムエンジニアの資質として，コンピュータ技術だけでなく対人

コミュニケーション能力も重要ですね」。

　Ｃさんの場合，コンピュータそのものを使うのが好きというよりは，システム設計やソフト開発の仕事が面白くてここまでやってきたという。仲間とソフトウエアハウスを設立したのはそうした気持ちの具現化である。職場では人付き合いが良く，顧客や社員と酒を飲んでとことん語り合うタイプである。家には仕事を極力もち帰らない主義であり，家ではパソコンは使わない。また妻や２人の息子（大学１年と高校２年）との関わりを大事にしている。１週間に１～２回程度は家族と一緒に食事をとるし，週末もできるだけ家族と過ごすように努力しているとのこと。息子が小学生のころは，地域のボランティア活動として，少年野球チームのコーチを 10 年近く務め，息子と一緒に汗を流したとのこと。現在の趣味はテニスと旅行で，特に旅行中に写真を撮るのが楽しみだという。愛妻家で，帰宅時に職場の最寄り駅から家に電話をすることも習慣になっているとのこと。Ｃさんにとって，コンピュータの仕事は自己実現をめざした経済活動にほかならないが，家庭生活を壊してまでその活動を推進しようとは思わないという。仕事と家庭生活の両方を大事にしており，人間的な魅力と逞しさを感じた。

　Ｃさんの話を聴いて，情報化社会に生きる人々にとって，1）仕事と家庭をはじめとするさまざまなバランス感覚（柔軟性のある行動様式），2）人間関係，対人コミュニケーション能力，3）技術者としての感性，顧客サービスの精神，の啓発が急務であることを改めて痛感した。

4．調査結果の考察

　今回の調査を通じて感じたのは，最近のコンピュータ技術者たちの労働環境の変化に伴う悩みの深刻化である。かつて時代の花形産業であったコンピュータ産業も，経済不況の波にさらされ，中小のソフトウエア会社の倒産，ＩＢＭ神話の崩壊など，これまで経験したことのない危機を迎えている。そうした状況の中で，コンピュータ関連産業や技術者はその資質が問われており，まさに量から質への転換が迫られていると言ってもいいであろう。苛酷な長時間労働を強いられつつも，生活の基盤は安定していた成長期に比べ，不況によるリス

トラやダウンサイジング，アウトソーシングなどの変革の波に足元が揺さぶられ，将来への不安が強くなってきているなど，悩みはさらに深刻になっていることが，インタビュー調査を通じて，強く感じられた。例えばBさんのケースはそれを物語っており，Bさんをはじめとするコンピュータ労働者にとってまさに"泣きつ面に蜂"というところであろう。

またインタビュー調査を通じて得られた知見を，インタビューした項目別に整理し，情報化社会に生きる人々の現実を検討してみるとおおむね次のようになる。

1）コンピュータとの関わりについて

家でも趣味でパソコン，ファミコンをやっているコンピュータが三度の飯より好きな人と，仕事だから割り切って使っており，できることなら使いたくない，これ以上モデルチェンジしないでほしいなどと感じている人の両者に大別できる。先の事例でいえば，Bさんは前者であり，Aさんは後者ということがいえよう。

2）職場，家庭，学校における人間関係

職場でも，家庭でも，Bさんの妻が夫に対して感じたような，コンピュータや機械と関わっているように感じる，気持ちが通じあえない人間関係，希薄な人間関係が目立つ。また，Aさんのように疎外感，孤立感を感じている人々も多いことが理解できる。

3）日ごろ感じているストレスの程度

苛酷な労働や，職場，取引先，家庭などの人間関係の中で，かなりの緊張を強いられていることが理解できる。極度の疲労やストレスの中で，コンピュータ労働者の職業病などといわれている，胃潰瘍，十二指腸潰瘍，自律神経失調症，心身症，神経症などのさまざまな病理や，出社拒否，遁走，転職などの行動傾向が見受けられる。

4）何が生きがいか（何をしている時が楽しいか／生きがいを感じるか）

仕事，出世，趣味，人との関わり，社会的活動（例：ボランティア）など多岐にわたっている。かつてのBさんのように仕事中毒の会社人間もいれば，Aさんのように，実存的フラストレーションに陥り生きがいを感じられない人もかなり見受けられる。またCさんのように，コンピュータビジネスで自己実現

をはかりながら，豊かな余暇活動を楽しんでいる人もいる。

　5）コンピュータ，仕事，趣味，アルコールなどへののめり込みの程度

　職場や家族の人間関係を阻害するようなのめり込みがかなり見受けられる。中には，Ｂさんの妻のように，「夫や子どもがファミコンやパソコンにのめり込んで困る」という，休日に1日10時間以上もテレビゲームに没入する40歳台のサラリーマンの妻からの訴えもあった。また職場の仲間に，アルコール依存症で本人やその家族が悩んでいるケースもかなり見受けられるという。

　6）生活世界（ライフスタイル）

　仕事中心の単調な生活世界に生きる人々と，休みの日に豊かな趣味の世界に生きる人々の両者に大別できるが，その両者のバランスが大切である。

　7）人生哲学（人生設計，信条）

　ＡさんやＢさんのように，仕事以外のことへの関心が比較的希薄な傾向が見られるが，Ｃさんのように確固たる人生哲学が確立している人も見受けられる。

　8）現在抱えている悩み，不満

　仕事，人間関係，生活水準，社会的地位，自己実現などと多岐にわたっているが，中でも深刻化しているのは，ＡさんやＢさんのケースに見られるような先行き不安であろう。今の仕事では自己実現が難しく，今後続けていくには指名解雇やソフトウエア会社の倒産などの先行き不安があり，さりとて（転社はできても）転職するのは難しいというのが，多くのコンピュータ労働者たちのおかれている状況だからである。

　9）メンタルヘルス対策

　個人的なストレス解消（リフレッシュ）の手段としては，酒，ギャンブル，カラオケ，旅行，スポーツなどがあげられる。また人々の心のよりどころとしては，職場の仲間，家族，友人などとの関わり，これまでの人生経験，宗教などが考えられる。

　一方各企業も，さまざまなメンタルヘルス対策に乗り出そうとするなどの努力も多少見受けられるが，本格的な取り組みには至っていないように思われる。メンタルヘルス・カウンセリングや適切なグループワークなどの諸活動を通じて，希薄になりがちな人間関係の回復や，さまざまな悩みを解消し，メンタルヘルスの向上をめざしていくことが肝要であろう。

これまで，Aさん，Bさん，Cさんのケースの検討と，インタビュー調査結果の考察を行ってきたが，問題の克服に当たっては，その社会背景を十分吟味すると共に，カウンセリング，グループワーク，合宿治療[4]，家族療法など，現代人のあり方を問い直し，対人関係の回復や生活環境の変化をめざすアプローチを模索していくことが極めて重要となろう。先にも述べたが，中でも筆者も関わっているIPRトレイニングは本問題の克服に極めて有効と思われる（小川，1988年）。今後さらに研究を継続していく所存である。

5．今後の課題

本調査研究で得られた知見をもとに，今後さらに，情報化社会に生きる人々の人間関係とメンタルヘルスに関する事例研究の継続およびアンケート調査の実施などをめざしていきたい。また，問題の克服に関する方法論的検討，および情報化社会に生きる人々のカウンセリング，IPRトレイニングなどの心理臨床の実践と事例研究もあわせて積み重ねていく所存である。

この報告書を書いて以降，企業人の管理者相談，メンタルヘルス・カウンセリングにも携わってきたが，ますます問題が深刻化しているように思われる。そこで次章以降では，相談援助の方法論的課題，相談援助活動の実際，社会問題，家庭児童問題の克服について論じていきたい。

〈注〉

1）本研究のような情報化社会の人間関係の病理現象に密着した研究を進めていくには，既存の精神医学，臨床心理学，社会心理学，社会学などの各々独立した学問領域で，それぞれ従来からある固有の方法で対処するだけでは充分でなく，それらを統合した「臨床社会心理学」という新しい学問分野あるいは方法の体系化と独自のパラダイムの確立が要請される。中でもヴァン・デン・ベルクの現象学的精神病理学（1954 年）および早坂泰次郎の人間関係学（1991 年）などの現象学的アプローチは臨床社会心理学の方法論的基礎としてきわめて有用と思われる（小川，1988 年）。

2）8 章の注 4）参照。

3）日本ＩＰＲ研究会（早坂泰次郎主宰）が開催する人間関係のトレイニング。Ｔグループと呼ばれる小グループの話し合いやグループ体験を通じて，スタッフや参加者同士が各自の人間関係やあり方を問い直す合宿形式の体験学習である（早坂，1979 年）。

4）例えば，高橋良臣が主宰する大須成学園で実践されている登校拒否児の合宿治療などがある（高橋，1988 年）。

第2部

相談援助（カウンセリング・ソーシャルワーク）の現象学

　ここでは，ＩＴ時代の人間関係の病理の克服とメンタルヘルスの向上をめざした，社会福祉や心理臨床分野での相談援助の方法論的課題を論じていきたい。

　今日，社会福祉施設，相談機関におけるカウンセリング，ケースワーク，グループワークなどの相談援助活動の専門性の向上は，「社会福祉士」，「臨床心理士」などの資格問題[1]と関連して，重要な課題となっている。筆者はこれまで現象学的心理学を方法論的基盤[2]とするカウンセリングやグループワークの心理臨床の実践と研究を行ってきたが，最近，家庭児童相談室（福祉事務所）の調査研究や社会福祉分野のスーパービジョンや専門教育に携わる機会が多くなると共に，社会福祉現場における相談援助の実践と理論の乖離，援助技術の方法論的基盤の不明確さや脆弱さに疑問を感じるようになってきた。そこで第2部では，これまでの研究の成果を踏まえ，筆者が専攻する臨床社会心理学（現象学的人間関係学）の立場から，相談援助理論や援助技術の基礎であるクライエント理解，人間理解，クライエントの生きる世界の変容に関して方法論的な考察を試みると共に，相談援助の方法論的課題を明らかにしたいと思う[3]。

4章 相談援助の現象学 I
──クライエントの生きる世界の理解──

1．相談援助活動の特徴と方法論上の問題点

　近年，養護施設，老人ホーム，児童相談所などの社会福祉施設，機関における相談援助活動（ソーシャル・ケースワーク）の進展は，医療機関，教育相談機関，民間相談機関など心理臨床の分野での心理療法，カウンセリングなどの進展と同様著しいものがある。ケースワーク，カウンセリング，精神医学（精神療法・心理臨床）の三者は主として面接によって行われる相談援助（対人援助）の方法でありながら，これまで各分野間の相互交流や連携はあまり行われてこなかったように思われる。かつてアプテカー（Aptekar, H.H.）が指摘したように，個々の専門性を有する三者の相違と関連[4]を明らかにし，今後さらに三者の連携を深めていく必要があろう。

　なかでも筆者が身を置く社会福祉分野における相談援助活動の実際を見てみよう。その相談援助の実践の特徴としては，ケースワークによって社会資源を活用した具体的なサービス（somethingness）を行う援助と，具体的なサービスの提供なし（nothingness）に精神的もしくは心理的な対人援助を行うカウンセリングの2つに大別される[5]。その両者のバランスが重要なのは言うまでもないが，今日の社会福祉分野の相談援助の実践においては，後者よりも前者の援助に偏りがちな傾向にあるのも否定できないように思われる。例えば，児童相談所における登校拒否児や家族に対する相談援助についても，これまでの筆者の心理臨床の実践や児童相談所職員との交流を通じての印象としては，公的扶助，施設入所，メンタルフレンドの派遣などの具体的サービスを提供する前者（somethingness）の援助にどちらかというと頼りがちであり，そうしたサービスの提供なしに精神的もしくは心理的な対人援助を行う後者の相談援助（nothingness）の方法論的基盤の確立は未だ充分とは言えないように思わ

れる。心理学者霜山徳爾が心理療法における "素足性"（Barfüssigkeit[6]）の重要性を指摘しているのと同様，社会福祉分野における相談援助の実践においても "nothingness" の積極的な意味を再認識し，方法論的検討を重ねていくことが求められよう。

　次に，かつて筆者も関わった家庭児童相談室（福祉事務所）の全国調査集計結果[7]を見てみよう。最近の相談の中で一番苦慮しているケースに関して46.8％が不登校・引きこもりについての相談をあげている。もともと，登校拒否問題は現代社会や地域の問題，学校教育の問題，家庭の問題，本人の成長発達や対人関係の問題などが複雑に絡み合った複合的な病理現象であり，その対応が難しいことは言うまでもないが，家庭相談員が対応に苦慮している要因として①問題が複雑，②対応に時間がかかる，③対応策が手づまりなどがあげられており，現場の困窮ぶりがうかがえる。また家庭児童相談員の仕事上役立つこととして，人生経験と人柄26.6％，現場経験26％，専門知識・技術23.4％などがあげられており，専門知識・技術よりも現場経験，人生経験をよりどころに相談活動をせざるをえない実情が理解できよう。さらに家庭相談員の悩みとして31.2％が専門知識・技術不足を訴えており，研修やスーパービジョン体制の充実が急がれるが，根本的には社会福祉援助の実践に密着した現実に即した方法論を模索しながら，相談員の専門性の向上をはかっていく必要があろう。

2．社会福祉分野での相談援助理論の方法論上の問題点

　これまで社会福祉現場で有用とされてきた相談援助（ソーシャルワーク）の主要理論としては，リッチモンド（Richmond, M.E.），バイステック（Bistek, F.P.），パールマン（Perlman, H.H.）などの診断主義，機能主義，問題解決，行動変容などのさまざまなアプローチがあげられる。しかし，これらの多くは精神医学，臨床心理学，社会心理学，システム論，生態学などの主要理論である精神分析（フロイト Freud, S.），来談者中心療法（ロジャーズ Rogers, C.R.），家族療法などを流用したり，強い影響を受けたものが多く，相談援助に関しては残念ながら社会福祉分野での実践を通じて生まれたオリジナルなアプローチ

があまり見受けられないのが実情といえよう。

　それらの理論の多くは近代科学（自然科学）の客観主義的な主客二元論を方法論的基礎としたものであり，診断や問題の分析，現象の説明には必要であっても，対象者の気持ちや対象者の生きる世界を臨床的に理解（了解）したり生活世界の変容をめざす対人援助のプロセスや援助者と対象者の人間関係の現実を吟味するには十分でないと言わざるをえない。自然科学的方法論をベースとした臨床心理学や社会福祉（相談援助）理論や援助技術は，対象者の一人ひとりの現実をかえって見えなくしたり，学習する者にさまざまな誤解を与える危険性を孕んでいるし，社会福祉現場の熱意あふれる援助者の悩みに十分応えられず，結果として彼らを失望させ，理論嫌いの体験主義者にさせてしまっているところもあるのではないだろうか。これまで社会福祉分野においてバイステックらの卓越した相談援助の研究[8]などが存在するものの，残念ながらその方法論的基礎が必ずしも明確でないため，児童福祉司，家庭相談員をはじめとする相談援助に関わる社会福祉現場の援助者（社会福祉士）や社会福祉を志す学生たちに，その意味するところが十分理解されにくいのがその一因として考えられよう。

　社会福祉現場での相談援助の専門性の確立をめざしていくためには，これまでの現場の実践から生まれた研究の成果を見直すと共に，個体主義でも集団主義でもない，機能主義でもシステム論でもない，かけがえのない一人ひとりの対象者と援助者の人間関係の現実から出発した経験科学としての人間科学を，相談援助理論の方法論的基礎として模索していくことが必要となろう。ここでは，その人間科学の典型として現実の人間世界，社会的存在である一人の人間をきわめてリアルにあるがままにとらえていこうとする，プラグマティックな現象学の有用性を明らかにしたい。具体的には，フッサール（Husserl, E.），ハイデガー（Heidegger, M.）などの日常生活から抽象化された難解な哲学理論としてのそれではなく，心理学者早坂泰次郎（1991 年）の人間関係学，精神科医ヴァン・デン・ベルク（van den Berg, J.H. － 1954 年）の現象学的精神病理学，哲学者クワント（Kwant, R.C. － 1965 年）の人間と社会の現象学など極めて日常生活や臨床場面（援助場面）に密着した現象学があげられる。これらは，社会福祉分野などにおける足立叡（1996 年），徳永幸子（1984 年），

佐藤俊一ら（1994年）の示唆に富む現象学的方法論研究のベースにもなっており，社会福祉のみならず，心理臨床，看護，教育など人と関わる諸活動の方法論的基礎としても極めて有用であろう。

そこで本章では現象学的アプローチにより相談援助のプロセス（次頁の図参照）における主要な方法論的課題であるクライエント理解（アセスメント），次章ではクライエントの生きる世界の変容（介入，治療，処置，問題解決）の問題を吟味したい。

3．クライエント理解の方法論的考察

（1）人間理解の方法論

まずはじめに，相談援助の基本であるクライエントの理解，および家族関係，友人関係など対象者の人間関係の理解の問題を取り上げたい。心理学者ジェイムズ（James, W.）が人間について知ること（to know about someone）と人間を知ること（to know someone）を区別しているが[9]，前者は近代科学の主客二元論を方法論的基礎とした情報収集，問題の分析，診断，現象の説明などの立場を表し，後者は対象者の気持ちや対象者の生きる世界を臨床的に理解（了解）したり生活世界の変容をめざす対人援助のプロセスや援助者と対象者の人間関係の現実を吟味する立場を表していると言えよう。これまで現場での相談援助の実践および社会福祉方法論や援助技術論において「個別化」の原則[10]が重視されてはきたが，前者（対象者についての情報収集やパーソナリティ論，心理テストなどによる個人差の理解）に比べ後者（対象者自身の気持ちや生きる世界の理解）の吟味が必ずしも十分であったとは言えないように思われる。クライエントを理解するには両者の立場が必要なのは言うまでもないが，本論文では主にこれまで方法論的吟味が必ずしも十分でなかった後者の立場から問題の所在を明らかにしていきたいと思う。

クライエント自身の気持ちや存在そのものを理解するには，まず我々の日常生活における人間関係の問題や他者理解および自己理解の問題を問い直すことが必要となる。一般的に人間理解の問題は，つかみ所のない「難しい問題」の二言で片付けられたり，日常誰もが直面している「分かりきった事柄」として

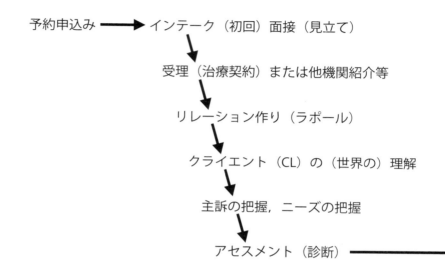

不問に付されたりしがちである。ところが，人と関わることを専門とする人々（臨床心理士，カウンセラー，ソーシャル・ワーカー，看護婦，医師，教師など）にとってこれは避けて通れない非常に重要な問題である。また，家庭，学校，職場などにおいて，嫁姑問題，家庭内暴力，非行，登校拒否，出社拒否などの人間関係の諸問題に直面している人や，人間的な成長をめざそうとしている人にとっても同様である。

（2）既知への問い

日ごろ人々の間で「自分のことは，自分が一番よく知っている」，「子どものことは親である私が一番よく知っている」という言葉を実際耳にすることも珍しくはない。しかし，そうした人々が，他者との関わりの中で（カウンセリング場面やグループの中で），これまで自身で気付かなかった自分の一面や，今

4章　相談援助の現象学 I　　59

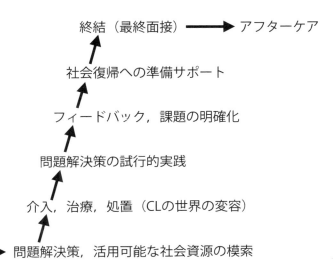

まで知らなかった子どもの一面を、友人、教師、カウンセラーなどに指摘されたり、自身で気付いて愕然とするケースが少なくない。

　例えば、当初自分の子どものことを「うちの息子は無口でおとなしい子なんです」と言っていたある母親Xが、「相談室ではそんなことないですよ。むしろ積極的に話してくれるほうですよ」とカウンセラーに言われ戸惑う。その後、実は普段母親自身が子どもの話を先取りしたり、多弁で子どもがしゃべる隙を与えないことに気付き、「息子は無口ではなく自分が息子の話す機会を奪っていたんです」と愕然とするような事例もしばしば見受けられる。

　この母親Xの事例は「自分のことは、自分が一番よく知っている」、「子どものことは親である私が一番よく知っている」という「分かりきった事柄」として不問に付されていた母親の経験的知識が、カウンセラーとの対話をきっかけとして、実は単なる「思い込み」にすぎなかったこと、自分自身や家族のこと

は思っているほど知らないものだということ，などが明らかになったことを表しているといえよう。この母親の場合，二重の事実誤認をしていたわけである。第一に，母親自身の多弁さ，聞く耳のなさに十分気付いてなかった（棚に上げていた）こと，第二に，息子は母親の前で無口であるにすぎないのに，相談室や学校などでも常に無口であると認識していたことである。前者は「自分のことは，自分が一番よく知っている」という誤認であり，後者は「子どものことは親である私が一番よく知っている」という誤認を表しているといえよう。自分自身の気付いていないことを，家族や友人などの他者の方がよく知っている場合もあるし，家族の意外な面を家族以外の人から知らされる場合もあるのである。このように，「自己理解」および「他者理解」の問題を考えるに当たっては，人間関係のただ中で，いわゆる「分かりきった事柄」やこうした「思い込み」を問い直すことが，極めて重要であることが理解できよう。

　そもそも知識は，日常の経験的知識であろうと，学問的知識であろうと，問いから生まれるが，その問いには二種類がある。それは「未知への問い」と「既知への問い」である[11]。例えば，夜空の星をながめて，「あの星は何という星だろう」，「地球からどれくらい離れているのだろう」という問いが沸いてくるが，こうした未知の事象への問いは現代の天文学によって十分解消され得る。こうした問いは「未知への問い（question）」と名づけられる。一方，ニュートンが万有引力の法則を発見した際，リンゴの木からリンゴの実が落ちたのを見て，「なぜだろう」と自分に問いかけたのは「既知への問い（problem）」だったといえよう。熟した木の実（リンゴの実）が木から落ちるのは「あたりまえ」であり，「分かりきった事柄」だからである。「未知への問い」か「既知への問い」かは，問う人の持つ知識の程度によって異なってくるが，たとえ未知への問いが答えを得て既知に変わったとしても，好奇心があればさほど努力を要しないで次々と未知への問いが立ち現れてくるであろう。ところが，既知のことを問い直すのは決して容易ではない。夜空の星をながめて，「なぜ星は落ちてこないのだろう」とはなかなか疑問に思わないように，「当たり前」の「分かりきった事柄」に関して，人々は通常何の疑問も不安も感じず，安定の中にいるからである。既知の問題に取り組むには，問題への関心やそれを問い直そうという態度（懐疑の精神）が不可欠であり，またそのためのエルギーやきっ

かけも必要であることが理解できよう。

（3）心理学理論や一般的知識によるクライエント理解の問題点

　また，人間以外のものを対象とする学問と，人間を対象とする学問のちがいを明らかにしておく必要がある。前者が主体と客体との間で展開されるのに対し，後者が扱うのはあくまでも主体と主体との間（いつでも主体と対象（客体）が交替しうる），すなわち相互主体的な関係の中での出来事である点に着目しておく必要がある。自然現象や生命のない事物は自分の意志で動いたり変化したりするのではなく，ある一定の法則に従っているが，人間の場合は，両者それぞれに自分の意志や感情があり，生きており，常に変化しており，両者が必ずしも一定の法則で行動するとは限らない。したがって，人間の問題を考えるに当たっては，これまでアカデミズム心理学や社会科学が採用してきた自然科学的な，法則定立的な方法論だけでは十分でなく，臨床的な，個性記述的（個性変容的）[12] な人間関係の日常的現実に密着した方法論が必要とされる。たとえ，多くの人々に共通の行動の法則が明らかになったとしても，それだけに基づいて，一人ひとりの人間の行動や気持ちを本当に理解したと言えないことは明らかだからである。我々はこうした方法論の吟味を現象学に見いだし，その吟味に基づく学問を「人間関係学」[13] と呼んできている。

　例えば，いま目の前でＡさんという一人の女性が涙を流している時，「一般に女性は男性に比べ感情的に敏感で泣きやすい」という一般的知識だけでその現象を説明したつもりになったとすれば，そこで涙を流している女性はＡさんという特定の個人ではなく，「女性はすぐ泣くものだ」という一般的観念（人によっては法則と見なすかもしれない）を立証する一例以上の存在ではなく，Ａさんの涙の真の意味，Ａさんの現実の気持ちそのものは不問に付されてしまう。近年，アカデミズム心理学においては，人間を未知であるかのように問うことによって，現実に目の前にいるかけがえのない一人ひとりの人間存在への関心ではなく，法則やモデルへの関心が重視されてきた傾きがある。しかしながら，それでは目の前で起こっている人間現象を必ずしも正確にとらえることはできない。Ａさんの場合，悲しくて泣いているのか，悔しくて泣いているのか，嬉しくて泣いているのか，一瞥しただけで簡単に分かるとは限らない。も

しかすると，目にゴミが入って痛いのかもしれないし，煙草の煙が目にしみたのかもしれない。もし，煙草の煙が目にしみて涙を流しているのであれば，それは女性だけでなく，男性でも同様に起こり得る現象であり，前述の一般的観念で今涙を流しているＡさんを分かったつもりになったのは滑稽である。またＡさんが，もし肉親の死の報に接して泣いていたとすれば，女性特有の涙としてとらえるのは見当違いであるのは明らかであろう。つまり，臨床心理学をはじめ，一人ひとりの具体的個人（例えば今涙を流しているＡさん）の現実的理解をめざす心理学にとっては，人間行動の一般法則についての知識やデータは参考資料以上のものではないのである。Ａさんの涙を理解するには，一般的観念によって説明したつもりになる（多くの場合それは「原因の分析」という形をとる）のではなく，Ａさんに関わりながら，その時，その場にいるＡさんの気持ちを直に感じ取る（了解する）豊かな感性と臨床的態度が援助者はもちろん，クライエントの家族や友人などにとっても不可欠となろう。

　先程の，「息子は無口」と思い込んでいた母親Ｘの事例でいえば，母親が自分の息子を理解するには，なぜ息子はいつも無口なんだろうと「分析してみる」ことも必要にはちがいないが，それ以前に，目の前にいる息子の気持ちを感じ取ることの方がさらに重要であろう。発達心理学の一般法則をもちだして「思春期の男の子は母親を避けたがるのは当たり前」と納得したり，「息子はもともと無口なのだ」と思い込む前に，口うるさい母親を嫌っているのか，母親に話をしたいのに聴いてくれずイライラしているのか，いじめなど何か悩みや隠し事があって母には話をしたくないのかなど，母親が息子との関わりを通じて，息子の気持ちを感じ取ることができるように援助していくことが求められよう。

（4）パーソナリティ論と心理テストの方法論上の問題

　次に病状論，治療論などと共に臨床心理学の中核として位置付けられている，パーソナリティ論と心理テストの方法論上の問題を考察したい。相談援助活動に携わる者にとってパーソナリティの発達論，類型論，特性論，構造論などを学ぶことは重要である。しかし目の前にいる患者 Pt やクライエント CI をこれらの理論を通してしか理解することができないようになってしまっては時時刻刻と変化する生きた人間の理解は難しいであろう。

パーソナリティとは，オールポート（Allport, G.W.）が「個人の内部で，環境への彼特有な適応を決定するような，精神物理学的体系の力動的機構である」[14]と定義しているように，元々変化し得るものと見なされていたと思われる。ところが，今日心理臨床場面で使用されている心理（パーソナリティ）テスト（特に質問紙法）に関しては，多くの心理学者が考案し，標準化したにも関わらず，そのほとんどが人間に見られる不変の傾向を自己診断方式で対象化し，それをパーソナリティ（性格）としてとらえているにすぎない。「本当はいつも動き，変容している人間のありようの中に見いだされる何か不変の特徴だけを抽出し，それに『性格』という名を与えているだけなのだ」と早坂も指摘している[15]ように，そのような心理テストを使用して，常に変化し得る我々人間のパーソナリティを不変のものとしてしか理解しないのは真の人間理解を歪めることになるのは言うまでもない。

日常生活で人々がパーソナリティを問題にするのは必ず人間関係のただ中においてである。例えば，友人Bと話をしている時のAは，別の友人Cと話をしている時と全く同じ人間ではない。わずかかもしれないが違いがいつでもあり，それは若干の気質的属性は別としてAという全人格に関わっている。つまりAがBと一緒にいる時のパーソナリティはA（B）というシンボルで表現され，Cと一緒であればA（C）となる。以上は精神医学を対人関係論としてとらえたサリヴァンの所論[16]であるが，このようにパーソナリティとは，対人関係の中で相互主観的に感知される事実なのであり，「気質のような，変化しない部分を含みながら，全体としては，対人関係の場面場面，時点時点で微妙に変容してゆく，世界との関わりを通じて感知されるその人らしさ」[17]（早坂）なのである。

したがって，類型論や特性論などの客観主義的なパーソナリティ理論や心理テストによって対象化され得る不変の傾向（いわゆる性格）として人間を理解するだけでは十分ではない。参与観察者として，クライエントとの関わりの中で相互主観的（相互身体的）に感じられた事実を共同主観化[18]（客観化）していくことが，相談援助の実践に携わる者にとって重要となろう。その際留意しなければならないのは相談援助を担当するカウンセラー Co の目の前にいるクライエント Cl はサリヴァンの所論によればあくまで Cl（Co）なのであり，Cl

（母），Cl（友人）ではないということである。カウンセラーはクライエントをCl（Co）として理解するだけでなく，社会的存在であるクライエントの生きる世界や世界との関係を理解することも重要となろう。

（5）相談援助の現象学（人間関係の現象学）

これまで述べてきたように，クライエントを理解するということは，これまで身についたさまざまの人間についての「既知」の一般的知識やデータおよび自身の準拠枠（自然的態度）をできるかぎりいったん脇へやり（括弧入れし），現実の人間関係そのものの中で，あるがままのその人を見る，その人の言葉に耳を傾ける，からだ全体でその人（の気持ち）を感じようとすることである。こうした努力こそが，「既知への問い」のプロセスにほかならず，こうしたプロセスを現象学的還元という。このような努力は本来の意味で「臨床的」[19]態度であるということが可能であり，そうした態度はまた現象学的態度とも呼ぶことができる。

ヴァン・デン・ベルクは「現象学は，一種の心理学であって，現実をあるがままに，人間存在のうちに生起したまさにその時点で，とらえようとする。現象学はまだ記述されていない現実を，すなわち，我々に現れるままの現実を，その時点で記述しようと努めるのである」と述べており，また記述の二大原則として現象学的還元と「ことがらそのものへ」のコミットメントをあげている[20]。

また早坂は，その著書『現象学をまなぶ』の中で次のように述べている。

「現象学は，自然的態度としての偏見——個人レベルのものにせよ（社会に）共通なものにせよ——をあばき，眼前における現象を，過去の経験にたよったり（経験主義），頭の中につめこんだ知識にたよったり（主知主義）して早急に判断し，説明することをいましめ，停止して（判断停止），できるかぎり忠実に，あるがままにもっぱら記述せよと求めるのである。このようにして自然的態度は現象学的態度へと洗練される。現象学はこうして自然科学をほとんど無反省にモデルとする現代の諸科学が，学的認識から完全にしめ出した（つもりでいた）認識主体一人ひとりの生きる，日常的主観的世界を厳密に吟味し，自分自身がどのように，そしてどれだけ偏見にとらわれているかを明らかにし

ながら，その自分にとって現象がどのように見えるかを記述していくのである。これはもちろん，終わりのないプロセスである」[21]。

このように，人間関係学としての現象学は現実の人間関係の体験に徹底して密着したところから展開される経験科学あるいは現実科学[22]，人と関わることを専門職とする人々や人間関係の問題に悩んでいる人々は極めて示唆に富む点が多いといえよう。

そこで，日頃我々が知らず知らず身につけている自然的態度について，もう少し考えておきたい。人間は誕生以来経験や知識を重ねるに従って，自分の世界をつくりあげ，その世界の中で生きている。（「世界」は現象学の基本概念の一つであり，ハイデガーはこうした我々人間の存在のあり様を「世界内存在」と呼んでいる）[23]。その世界はおのずと（自然に）その人のものの見方，感じ方，考え方の枠組み（一般に準拠枠とも呼ばれる）となって，その人の認知や行動を規制している。こうしてできあがった枠組みを自然的態度と呼んでいる。先程の母親Xの事例では，「息子は無口」と思い込んでいた母親の自然的態度の特徴としては，多弁で人の話に聞く耳をもたないところである。しかし，そうした自然的態度は色眼鏡（偏見）と同様にそれを身につけている本人にはなかなか見えない。そのため，息子のことを無口だと誤解したのであろう。「むしろ相談室では積極的に話をするほうです」というカウンセラーの言葉が，その母親の自然的態度を問い直すきっかけになったことは言うまでもない。このように，ある一人の人間を理解するには，そうした自然的態度を問い直すこと，すなわち既知への問いのプロセスが，極めて重要となってくるのである。

クライエントというかけがえのない一人の人間存在を理解するには，自然的態度を括弧入れし，その人に徹底的に関心を払い，その人の世界を理解しようとすることである。人間理解の方法論的基礎として，こうした現象学的態度がいかに重要であるかが明らかとなったといえよう。だが，「人間関係の現象学」の，こうしたプロセスを（しかも自分一人だけで）実践していくことは決して容易ではない。というのは，個々人の自然的態度としての偏見を明らかにしたり，日常的な主観的世界を厳密に吟味することは一朝一夕には難しいからである。各自が現象学的態度を養っていくためには，ヴァン・デン・ベルクも述べているように，「身のまわりに存在するものや生起することを，見て，聞

き，観察し，学ぶように努める」[24] 態度や習慣を身につけることが大切であり，そのためには透徹した方法論に関する訓練（体験学習）や他者との対話を重ねていくことが必要であろう。

　相談援助活動の中核となるアセスメントと介入に関し，本章ではアセスメントの中心課題である「クライエントの理解」について考察した。そこで次章では介入の中心課題である「クライエントの生きる世界の変容」について考察していきたい。

〈注〉

1）「社会福祉士」は社会福祉現場において指導員や相談員として主に相談援助の役割を担っている。（国家資格）
　　「臨床心理士」は相談機関，医療機関，教育機関などでカウンセラー，セラピスト，相談員として心理臨床，相談援助活動に携っている。（財団法人日本臨床心理士資格認定協会の認定資格）

2）ここでは方法（method）と方法論（methodology）の違いを明らかにしておく必要がある。" 方法 " が相談援助の手続きや技法の体系を意味する一方，" 方法論 " は単なる援助技術や援助理論ではなく，クライエントを理解し援助しようとしてある手続きや技法を選ぶ時，なぜそれを選ぶかを吟味する哲学的根拠となる学問であり，態度である。

3）本論文は，日本社会福祉学会第 42 回大会での発表内容（対人援助の現象学）をもとに，これまでの研究成果を加味し，新たに執筆し直したものである。

4）アプテカー（1964 年，122 頁）はケースワーク，カウンセリング，心理療法の三者の相違と関連を次頁の図〈ケースワーク，カウンセリングおよび心理療法の重なり〉のように明らかにした。

5）早坂泰次郎（1991 年，55-67 頁）は患者に対する医師と看護婦の援助に関して，医療機器や医療技術など具体的なサービスを提供する医師の専門性（somethingness）と，医療技術サービスの提供以外の患者の精神的，身体的ケアなど看護婦本来の専門性（nothingness）の違いを指摘し "nothingness" の積極的な意味を明らかにしているが，この視点は社会福祉分野の相談援助の考察にも有用と思われる。

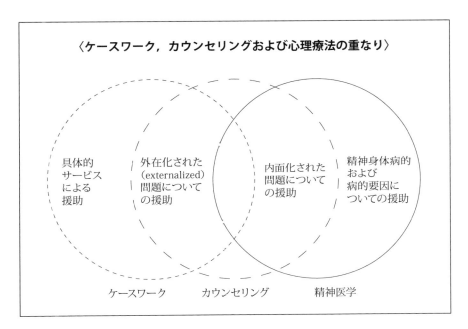

6）霜山徳爾『素足の心理療法』，みすず書房，1990年，33-35頁
7）佐藤悦子・庄司洋子「家庭相談室の現状と家庭相談員の意識」（『応用社会学研究』35号，立教大学社会学部，1993年，103-121頁），および，小川憲治「家庭相談員の活動状況と今後の課題」（『長野大学紀要』1号，1995年，18-27頁）参照．
8）バイステック，F.F.（田代不二男・村越芳男訳）『ケースワークの原則』，誠信書房，1965年
9）James, W.：Principles of Psychology, vol.1, 1891, p.196
10）前掲8）の，47-61頁
11）早坂泰次郎・上野矗・山本恵一『心理学』（新版看護学全書），メヂカルフレンド社，1994年，1-2頁
12）黒田正典「心理学の理論および心理学史の意義」（安倍淳吉・恩田彰・黒田正典監修『現代心理学の理論的展開』，川島書店，1988年，10頁）
13）早坂泰次郎『人間関係学序説』，川島書店，1991年，12頁，19-33頁
14）オールポート，G.W.（詫摩武俊，他訳）『パーソナリティ』，新曜社，1982年，40-41頁

15）早坂泰次郎「コミュニケーション・スタイルとしての性格」（『青年心理』56号，1986年，29頁）

16）サリヴァン，H.S.（中井久夫・山口隆訳）『現代精神医学の概念』，みすず書房，1976年，277-279頁

17）早坂泰次郎『人間関係の心理学』，講談社現代新書，1979年，70頁

18）前掲13）の，82-91頁

19）一般に"臨床的（clinical）"の語は医療，看護などの活動を行う場や活動そのものを表す言葉（場としての臨床）として用いられているが，本来は治療者や援助者が患者やクライエントと共にいるそのあり方や態度（方法としての臨床）を意味する言葉である。（早坂泰次郎・足立叡・小川憲治・福井雅彦『〈関係性〉の人間学』，川島書店，1994年，117-118頁

20）ヴァン・デン・ベルク，J.H.・早坂泰次郎『現象学への招待』，川島書店，1982年，3-5頁

21）早坂泰次郎『現象学をまなぶ』，川島書店，1986年，119頁

22）早坂泰次郎「現実科学としての心理学」（前掲（3）の『人間関係学序説』，34-43頁）

23）ハイデガー，M.（原佑訳）『存在と時間』，中央公論社，1980年および5章参照。

24）前掲20）の，5頁

5章 相談援助の現象学Ⅱ
──クライエントの生きる世界とその変容──

　相談援助活動の中核となるアセスメントと介入（処置，治療，問題解決）に関し，前章ではアセスメントの中心課題である「クライエントの理解」について考察した。そこで本章では介入（処置，治療，問題解決）の中心課題である「クライエントの生きる世界の変容」について考察していきたい。

1．クライエントの生きる世界とは

　我々人間は時間−空間を軸とした世界，すなわちそれを構成する自身の肉体および身体，自然環境（空気や水などの鉱物，植物，動物），さまざまな人間（他者の身体），クワントにより社会的事実性と定義された第2の自然（言語，集団，組織，役割，時計時間などの社会環境，人工物（文明の利器））との相互関係の中で生きている（世界内存在）。

　オランダの現象学者ヴァン・デン・ベルクはその著書「精神医学への現象学的アプローチ」の中で，我々人間が生きる世界，人間と世界の関係を，日常的なありふれたエピソードの卓越した現象学的記述により明らかにしている[1]。

　「冬の夕方，外には雪が舞うように降っている。窓の外の街路樹には，舗道を覆う雪を踏み歩む長靴の音がかすかに聞こえる。外からすれば，部屋の暖かさは魅力的なものにちがいない。その上，旧友が訪ねてくるという期待に，その部屋は一層魅力的に思える。火は暖炉に赤く燃え，そしてそのそばにやや離れて，こんな時のために最近買った上質のワインが1本置いてある。友人が来るのを待ちながら，男は何通か手紙を書こうと，腰をおろす。電話が鳴った。その友人からの電話で，天候のせいで行けないというのだった。しばらく雑談をして，電話を切る前に二人は次の約束をした。窓のところへ行き，男はカーテンを開けて，期待していた夜の暖かさをほんの少し前まで映像化していた，

冷たい湿った雪を眺める。けれども今は，準備して期待していたその夜は，変わった。そして，それに伴って，その部屋も変わった。今やその夜は長く，空虚に思える。そしてその部屋も何か前よりは静かで，居心地の悪いものと感じられるのだった。その夜の暖かさを幾分か取り戻そうと，暖炉にまきをくべてから，男は本を手にとって読みはじめる。夜はゆっくりと過ぎてゆく。しばらくして，その本のはっきりしなかった一節に思いをめぐらせようと頭を上げたとき，暖炉のそばのワインのびんが，彼の目にとまった。その瞬間，友人が来なかったことに，彼は改めて気づく。そして彼は，再び読書に戻るのだった」。

　たった一本の電話で，ある男の世界が，世界との関係が，またたく間に変容してしまった事例である。ワインのびんが変わったわけではない。部屋のインテリアが変わったわけでもない。しかしその男にとって，暖かく魅力的な部屋から静かで居心地の悪い部屋へ，友人の来訪の期待を感じさせるワインのびんから友人が来られなくなった落胆を思い起こさせるワインのびんへと，部屋もワインのびんも変わってしまったのである。

　我々人間の生きる世界はこのように，たった一言で，たった一本の電話で，ちょっとしたきっかけで，微妙にも，劇的にも変わり得るのである。転居，転校，転職など環境の変化によりその人の生きる世界が変容する場合もあるが，この男のエピソードのように物理的な環境は変わらないのにその人の体験世界（体験の仕方，知覚，言動，価値観など）は変容し得るのである。

　また身の回りで起こった出来事は変わりないのに，人によって，または同じ人でもケースバイケースで，その人の体験の仕方すなわち体験世界が変わり得る。このエピソードにおいても，友人が来られなくなったという電話によってそれほど落胆しない人もいるだろう。また面白くて続きを読みたくて仕方がない書物を抱えていたり，ＴＶゲームの新作ソフトを買ったばかりであれば，たとえ友人が来られなくなったとしてもそれほど落胆しなかったかもしれない。ヴァン・デン・ベルクが『現象学への招待』の中で引用している精神科医Ｅ・シュトラウスの指摘にもあるように「一人の人間の中での "出来事" が重要なのではなく，"体験" が重要なのである。外傷は，ただそれがあるというだけではまだ心的外傷ではなくて——そうでないとしたら心理療法は自然科学であろう——それぞれの人にとっての意味によって，その外傷に割り当てられた価

値によってその外傷は心的外傷として体験されるのである」[2]。このシュトラウスの指摘は，病気や怪我などの災難に直面している人（患者）の世界を理解し援助する際に示唆に富むものである。同じ病気や怪我でも落胆してなかなか立ち直れない人もいれば，苦しみながらも，病気や怪我と共に逞しく生きる人もいる（岸本英夫『死を見つめる心』[3]）。相談援助の際には，病気や怪我という "出来事" だけに着目するのではなく，その人が病気や怪我をどのように "体験" しているか，その人の病んでる世界，怪我人の生きる世界すなわちその人の体験世界を理解し，関わっていく必要があろう。

2．人間の生きる世界の変容とは

　物理的な環境や身の回りでおこった出来事は変わりないのに，何らかのきっかけでその人の体験世界が変わることがある。例えば日常誰もが体験する以下の例があげられよう。

　1）時間体験

　・試験まで「あと1週間しかない」と焦っていた高校生のA君が，「あと1週間もあるじゃない」と友人から言われて，少々ほっとし試験勉強に集中できるようになった。

　・失恋の痛手から，過去への後悔，未来への不安を抱えていた青年Bが，障害者スポーツを観戦し，今を生きる大切さに気づき，将来への希望（社会福祉志望）が沸いてきた。

　2）空間体験

　・狭くて居心地の悪い家と感じていた男Cが，広い家に引っ越して孤立感を感じた時，以前暮らしていた家は狭いけど，家族の温もりや絆が感じられる家だったと実感した。

　・部屋のカギがかかっていないのに，誰にも会いたくないと感じていた青年Dが，部屋に閉じこもって（引きこもって），その部屋を閉ざされた空間として体験する。しかし，親友のことを思い出して会いたくてたまらなくなると1ヵ月ぶりに外に出かけ，その部屋を開かれた空間として体験した。また家の前の道路が前より広く感じられた。

・頻繁に海外出張して大活躍していた大手商社勤務の国際ビジネスマンのE さんが，交通事故で大怪我をし長期の入院生活を余儀なくされた時，Eの生き る世界が病室やベッドだけの広さにせばまってしまった。（ヴァン・デン・ベ ルク『病床の心理学』[4]）。

3）事物との関係

・ブランド物でないと満足できなかったOLが，会社を退職してアジアを旅 行したら，気に入ったものなら安物でも無印商品でも十分満足できるようにな った。

・どこにでもあるがらくただと思っていた古い家具が，実は好きだった祖父 の手作りの家具だと知り，以来その家具がその人にとってかけがえのない宝物 となった。

4）対人関係

・一人でいるのが寂しくて耐えられず携帯電話やメールで誰かとつながって いなければいたたまれなかった青年Fが，たまたま読み始めた小説に引き込ま れ感動しているうちに，好きなことをして自身の世界（孤独な世界）を楽しめ るようになった。

・ある青年Gが嫌悪感を感じる苦手な友人と大喧嘩し，互いに「いやな奴 だ」，「お前こそ最低の奴だ」と言いあってからしばらくして，互いに信頼でき る憎めない奴となった。

・失恋しても恋人Hのことをなかなか忘れられずこころを閉ざしていた青年 Ｉが，旅先のガソリンスタンドで出会った健康的な女店員の心温まる親切に触 れて，「女性は容姿じゃないんだ。女性はHだけじゃないんだ」と気づいてか ら，Hのことをあまり思い出さなくなり，気にならなくなった。（新しい恋愛 の可能性が開かれた）。

5）身　体

・太っている自身の体型が気になって悩んでいた大学生のKさんが，部活の 同級生であるＩ君の「僕はぽっちゃりした女の子が好きだな」という言葉をき っかけとして，多少太っているのは健康的なのであまり気にしないでいいやと 思えるようになった。

・初めてのお見合いの席で心臓がドキドキし，汗だくだったMさんが，気さ

くでユーモアに富んだNさんと楽しく会話しているうちに，気が付いたら，心臓の鼓動や汗が気にならなくなっていた。

・「物を食べる時は 30 回噛んでから飲み込みなさい」と口うるさい母親から言われて食べ物を飲み込むのが下手になってしまった小学生のOちゃんが，優しい担任の先生に，「Oちゃん。このシチューおいしいよ，あまり噛まなくていいから味わってごらん」といわれ，クラスメートと楽しく食べているうちに，気が付いたら自然に飲み込めていた。

6）世間体

・R君は，入学（入社）当初は一流大学（会社）ではないので世間体をかなり気にしていたが，すばらしい仲間と出会って毎日が楽しくなると，一流（会社）大学でなくとも十分満足できるようになった。

7）役　割

・S君は大学の演劇部で，当初はＩメンバー（フォロアー）として目立たない存在であったが，徐々に演劇が好きになり気が付いたら主要メンバーとなっており，3 年生になったら部長に指名されてしまった。

8）友人同士や職場の仲間同士の言葉遣いや互いの呼び方（呼称）の変化

両者が親しくなると（関係の変化と共に），言葉遣いや互いの呼び方（呼称）が変わる。

・言語：敬語，謙譲語→タメ口（ざっくばらんな会話）
・呼び方：氏名（「山田（太郎）さん」）→「山ちゃん」，「太郎」

こうした世界の変容は，丸いものが四角に変形するような変化ではなく，早坂泰次郎も指摘しているように，「柳の木の枝が風に吹かれて時間と共にさまざまな姿を見せるような変化」[5]であり，まさにその人の体験世界の変容である。そうした変容は，その人の行動様式，価値観，信念，人生哲学，感性の変容であり，世界との関係の変化である。そうした世界の変容は，上記のさまざまな事例からも理解できるように，世界の中で，とりわけ対人関係やグループ活動（相互主体的関係，相互浸透的関係）の口で，時間と共に実現され得るのである。

福井雅彦が論文「事実性としての他者－自己」の中で，現象学的哲学者クワントの掲げた青年と少女の出会いによる青年の世界の変貌の事例（「無気力に

みえる青年は，そのままの自分でいることをゆるしてくれる少女に会うと，とても情緒豊かになるだろう」[6]）をもとに明らかにしているように，「他者は自己の可能性の展開（世界の変容）にとって必要不可欠の存在」であり，「そうした可能性は特定の誰かとの間に展開されるのであり，誰でもよい不特定多数の人との人間関係においてではない」[7]のである。さらに，そうした自身の世界の変容を自己覚知（体感）し，それを特定の他者との対話を通じて言語化した時，日常ありふれた体験から，なかなか忘れない貴重な経験へと至るのである。

3．クライエントの生きる世界の変容を促す関わりとは

　次に社会福祉，心理臨床，精神療法などの相談援助場面でのクライエントの生きる世界の変容について考えてみよう。これまでの考察から，クライエントの世界の変容は，特定の他者である援助者との対人関係やグループ活動（相互主体的関係，相互浸透的関係）の中で展開される。前者が個人カウンセリング（療法）であり，後者は集団療法（グループワーク）である。カウンセラーやワーカーなどの相談援助の専門職がクライエントと面接し対話（グループの場合はメンバー同士の対話も含む）を重ね，悩みの解消や問題解決を目指していくうちに，クライエントの生きる世界，体験世界が操作的ではなく，結果的に〈参考資料２〉の後者の様相から前者の様相へと変容していくように，またその後一方だけに偏り過ぎず両義性を生きることができるように，関わっていくことが求められよう[8]。

　これまで，精神療法，カウンセリング，ソーシャルワークなどの相談援助場面で実践されている，クライエントの無意識の意識化（精神分析），自己不一致から自己一致へ（来談者中心療法），世界認識（知覚）の歪みの是正（ゲシュタルト療法），誤った学習の再学習（行動療法），非合理的思い込みからの解放（論理療法），"とらわれ"からの解放（森田療法）などの取り組みは，各々の主要理論に基づきクライエントが抱えている問題（精神病理）の根源に関わろうとしている取り組みではあるが，それらは必ずしもクライエントの生きる世界に関わろうとする取り組みとは言い難いところもある。ヴァン・デン・

ベルクが「医者が関心をもつのは，体内のプロセス（肉体）です。それに比べて多くの心理学者の場合にはその人のこころのなかだけに興味があるように見えます。そこで第三に現象学者ですが，彼はもちろん人間の世界に関心を向けます」と述べているように，現象学的アプローチによる精神療法やカウンセリングは世界内存在であるクライエントの生きる世界（実存）に関わりその世界の再構築をめざす取り組みであり，世界療法，宇宙療法（ヴァン・デン・ベルク）と言ってもいいであろう[9]。

　そこでクライエントの世界の変容を促す関わりについて具体的に考えてみよう。

　ヴァン・デン・ベルクは『現象学と精神医学』と題する講演の中で「患者の世界のなかで彼の神経症が展開し，そしてその世界のなかで彼の治療がおこる。精神療法は患者が他の人ともつ関係の変化と改善の中に生ずる——しかしその変化は事物のもとで生じるのである」[10]と述べているが，相談援助を必要としているクライエントの主訴の改善をめざした“介入（処遇）”とは，クライエントの病んだ世界，深刻な問題を抱えた苦悩の世界を共にし，クライエントの世界の変容をめざして関わっていくということであろう。

　相談援助のプロセスが開始されるやいなや，少なくともクライエントの生きる世界には，来談以前にはいなかった，援助者であるカウンセラー（またはワーカー）がいるという意味では，世界の変化が起こり始めており，カウンセリングのプロセスの中で専門職であるカウンセラー（またはワーカー）が“変化の仕掛け人”の役割を担うことが出来るか否かが問われてこよう。

　その資質とは何であろうか？　その人にとって身の回りにいる重要な人物（家族，親友，恋人など）が意図的ではないが変化の仕掛け人になり得ることが日常生活の中でもしばしば起こっている。

　例えば以前アカデミー賞を取ったアメリカ映画にこんなストーリーがあった。「強迫神経症の中年の男Ｓ（小説家）が，ある女性Ｒと付き合っているうちに，玄関のカギを閉めたか何度も確かめるという強迫神経症の症状が消えていることに気づいた。またほぼ同じ時期に，その女性に恋していることにも気づいた」（映画『恋愛小説家』[11]）。この事例の場合，この小説家Ｓにとって，Ｒは恋人であるばかりではなく，専門家ではないものの強迫神経症の治療者の役割も採

っていたともいえよう。ＳはＲと付き合うようになってから，Ｓと世界との関係（志向性）が，明らかに玄関のカギを閉めることから恋人Ｒへとシフトし，他者との関係もピリピリとした敏感で排他的な対人関係から，情緒豊かな対人関係へと変貌していったのである。精神科医斎藤学が著書『家族依存症』の中で，治療の際に心掛けていることとして「患者に惚れること」をあげているが，相談援助者にとってＲのような関わりが変化の仕掛け人として重要になってくることが理解できよう[12]。

　相談援助や精神療法の専門職としては，信頼できる魅力的な人柄，豊富な人生経験などの人間性に加え，患者やクライエントの生きる世界を共にし，その世界を頭だけでなく，身体で分かることができ，その世界の変化の仕掛け人としての技（身につけられた援助技術）を兼ね備えていることが求められるし，何よりも患者やクライエントに関心をもち，時にはさりげなく，時には身体を張って主体的に関わる姿勢とエネルギーも大切であろう。

　そこで，相談援助や精神療法の専門職の患者やクライエントとの関わりを問い直してみたい。

４．面接技法（相談援助の技法）の考察

　具体的な面接技法（相談援助の技法）としては次のような技法[13]があげられる。技法ごとに考察してみう。

（１）基本的傾聴技法（励まし，言い換え，感情の反映，要約，質問など）

　クライエントの話を共感しながらじっくり傾聴し，主訴と呼ばれる話の内容やクライエント自身の気持ちや抱えている問題や課題を整理することが可能になる。それまで誰にも話せず胸につかえた悩みを話せてすっきりとした表情になったり（カタルシス，心の浄化），孤独で不安だったクライエントが，支えられているという安心感につつまれる可能性が開かれる。

（２）情報提供

　例えば，子どもの登校拒否などの家庭児童問題や老親の介護問題に突然直面

し，どうしていいか分からず，あせって困惑しているクライエントに，専門の相談機関，医療機関，支援センター，通所施設などクライエントが活用可能な社会資源や利用の仕方に関する情報を提供する。情報提供を受けたクライエントは，在宅介護支援センターや子育て支援機関などの社会資源を活用し，落ち着いて問題に取り組めばいいんだと一息つくことができ，問題解決に向け具体的に行動できるようになれる。

（3）指示，助言

問題解決に向けて具体的な行動の仕方を提示し，その実現を支援する。例えば，突然子どもが登校拒否して困っている過干渉気味の母親に対しては次のような指示が考えられる。「しばらくは学校に行けって言わないで，ゆっくり休ませて自由にさせてあげたらどうですか。それから，子どもが望まない限り，お母さんは子どもと顔を突き合わせて一日中一緒に家にいない方がいいですよ。できるだけ趣味のお稽古事やパート勤務などの用事を作って外出してみて下さい」。この指示を母親が実行すると，登校拒否をして苦痛に満ちた子どもの世界が，母親の登校刺激のプレッシャーや監視の視線から自由になり，多少なりとも安息な時－空間を取り戻し，自身の問題と取り組めるようになれる。

（4）フィードバック

前章で論じたように，自分のことは自分だけでは理解できない面もある。そうしたクライエントの姿が，援助者にどう映っているか，どのように見えているかを伝え，自己理解を援助する。仕事のやり過ぎに気づいていないクライエントに「随分疲れた顔をしてますよ」とフィードバックし，自己覚知（世界認識の歪みの是正）を促したり，「しばらく休養するか」と感じさせる。（仕事への志向性が自身の心身の健康へとシフトされる）。

（5）リフレーミング

凝り固まった自身の価値観や準拠枠の下で悩んだり落ち込んでいるクライエントに，異なった価値観や認知の枠組みを提示し，自己理解や世界認識の転換（体験の肯定的な意味付け）を図る。

例えば，過労が原因で怪我し入院を余儀なくされ，仕事の続きができなくて後悔している患者に，「考え様によっては怪我して良かったじゃないですか，怪我しなければ，過労死していたかもしれませんよ」とワーカーに言われ，怪我して自責の念にかられていた自身を「あんなに疲れてたんだからしかたがなかったんだ。怪我をしてかえって良かったんだ」と思い直し，「この際休養するか」と後悔の念からも解放される。仕事が最優先，いつも多忙で元気が一番という価値観の下で生きていたクライエントが，ワーカーの問いかけで「健康が何より大切，仕事は二の次」という価値観に転換し，怪我の肯定的な意味に気づくことができるのである。

（6）解　釈

　無意識に行っている言動や，思い込みによる間違った世界認識に関し，新たな説明概念を提供し，これまでとは異なった自己理解や世界認識の促進を図る。
　例えば，愛する思春期の男の子を「お母さんのことが大好きな無口な息子」と思い込んでいた母親（前章で取り上げた事例参照）に「お母さんが多弁で話させなくさせているのではないですか」，「お母さんのことが嫌いで避けているんじゃないですか」，「本当は自分の思いどおりにならなくなった息子さんのことを嫌いだと感じているのではないですか」と問いかけて，母親の自己理解や他者理解を援助することができる。

（7）対　決

　言行不一致，自己不一致，言葉の矛盾，行動の矛盾などを指摘し，直面するのを避けたり，棚に上げているクライエント自身の感情や問題との直面（対決）を促す。
　例えば，失恋を照れ笑いでごまかしているクライエントに「失恋して落胆しているはずなのに顔が笑ってますね」と落胆した自身の切ない感情に直面させ，きっぱりと恋人との別れを体験させるように援助する。しばらくしてもなお過去を引きずっていれば「きっぱりあきらめると言いながらまだ彼女の写真をもっていますね」と言行不一致を指摘する。そうしたカウンセラーの促しを通じ，クライエントは自身の感情や生きる世界を明らかにし，徐々に次の恋愛に取り

組めるようになっていった。なぜならば，それまで失恋した彼女だけで満ちていたクライエントの生きる世界に，今までとは異なった新たな魅力的な女性が住まうようになったからである。それまで避けてきた自身の感情や問題と直面するのは苦痛を伴うが，それを支え励ます援助者もその世界を共にすることで，クライエントの世界が変容していく可能性が開かれるのである。

（8）自己開示

カウンセラー，ワーカーなどの相談援助者が，自身の体験談（挫折体験，失敗談など），気持ち，生きる世界などをクライエントに語る。クライエントはそれを聴いて，援助者の人間性に触れ親近感を抱いたり，「自分と同じようなつらい体験をしたんだ」，「先生でも不安な時や大変な時があるんだ」，「自分も頑張らなくちゃ」という気持ちが沸いてくるなど，クライエントと援助者の関係が深まり，クライエントの気持ち，世界との関係が変容していく可能性が高まる。

これまで，相談援助の技法を用いたクライエントの世界の変容について考察してきたが，さらに次章以降で筆者が実践したカウンセリングの事例を通じて吟味していきたい。

〈注〉

1) ヴァン・デン・ベルク，J.H.（早坂泰次郎・田中一彦訳）『人間ひとりひとり』，現代社，1976 年。ラマニシャイン，R.D.（田中一彦訳）『科学からメタファーへ』，誠信書房，1984 年

2) シュトラウス（Straus, E.：Geschenis und Erlebnis, Berlin, 1930）

3) 岸本英夫『死を見つめる心』（講談社文庫），1973 年

4) ヴァン・デン・ベルク，J.H.（早坂泰次郎・上野矗訳）『病床の心理学』，現代社，1975 年

5) 早坂泰次郎編『現場からの現象学』，川島書店，1999 年

6) 福井雅彦「事実性としての他者－自己」（早坂泰次郎，他著『〈関係性〉の人間学』，川島書店，1994 年）

7) クワント（Kwant, R.C.：Encounter, Duquesne Univ. Press, 1965）

8) 〈参考資料 2〉参照

9) ヴァン・デン・ベルク・早坂泰次郎『現象学への招待』，川島書店，1982 年

10) 前掲 9）の 154 頁

11) アメリカ映画『恋愛小説家』，1997 年製作（たとえば菅沼正子『エンドマークのあとで』，マルジュ社，2001 年，264-268 頁参照）

12) 斎藤学『家族依存症』（新潮文庫），1999 年，198-199 頁

13) たとえばアイビイ，A.（福原真知子他訳）『マイクロカウンセリング』，川島書店，1985 年および平木典子『カウンセリングの話』，朝日新聞社，1984 年参照

〈参考資料 2〉
クライエントの体験世界の変容例（両義性）

0）クライエントの気持ち（体験世界）
　　　生きたい－死にたい
　　　幸福感－不幸
　　　満足感－不満
　　　感謝－妬み，恨み
　　　希望－絶望
　　　明るい－暗い
　　　安定（安心）－不安定（不安）
　　　楽観的－悲観的
1）体験時間
　　　短い（早い）－長い（遅い）
　　　適度な忙しさ－多忙，暇
　　　由来－今－将来　←→　過去－今－未来
2）生活空間（体験空間）
　　　広い－狭い
　　　開放的－閉鎖的
　　　自然環境－人工的環境
　　　落ち着く－落ち着かない
　　　快適－不快
3）身　体
　　　主体的身体－対他的（客体的）身体（メルロー・ポンティ）
　　　健康－不健康（病気）
　　　快食，快便－過食，拒食
　　　生き生きとした魅力的な表情（笑顔）－生気のない病的な無表情
　　　自然－ぎこちない
　　　気楽－緊張
　　　素顔－仮面
　　　見る－見られる
　　　気になる－気にならない
　　　受容－拒否（アレルギー）
4）対人関係
　　　共にいる－いない
　　　ほんとうの人間関係－よい人間関係
　　　親しい－疎遠近い－遠い
　　　好き－嫌い
　　　気楽－苦手（対人恐怖）
　　　信頼－不信，狂信

甘え（依存）－自立
関心（愛）－無関心（無視）
共存（協力）－支配，服従
あっさり－しつこい（ストーカー）
社交的－自閉的
受容的－排他的
攻撃的－防衛的（受け身）
思いやり－自己中心的
ウェット－ドライ

5）事物との関係
大切（宝物）－がらくた
便利品－邪魔物
嗜好品－嫌いなもの
必需品－不用品
金持ち，太っ腹－けち，節約
自然（山，森，野原，湖，川，海）－人工（ＴＶ，パソコン，携帯電話）

6）集団（組織）体験
グループへの適応－過剰適応，集団アレルギー（適応不全）
主体的参加－消極的参加－離脱，引きこもり
We feeling －疎外感（孤立感）
人間の中の組織－組織の中の人間（オーガニゼーション・マン）
リーダー－フォロアー
自由－不自由（束縛，拘束）
楽しい－楽しくない

7）役割行動（体験）
過剰適応－バランス－適応不全
役割演技（こなす）－役割採用－役割創造
充実感（達成感，使命感，やり甲斐）－荷が重い（ストレス）

6章 アニメビデオ，パソコンなどにのめり込んだ
青少年の対人関係の病理とその克服
──登校拒否児N君とのカウンセリングの事例を通じて──

　次に，かつて筆者が民間相談機関のカウンセラー（臨床心理士）として関わったカウンセリングの事例を通じて，相談援助の関わりやクライエントの世界の理解とその変容について考察を深めていきたい。また，ＩＴ時代に生きる人々の対人関係の回復やメンタルヘルスをめざす相談援助（カウンセリング）の方向性を明らかにしたいと思う。

1．はじめに

　近年の職場，家庭，学校などにおけるコンピュータ化，ハイテク化の進展はめざましいものがある。一方，その渦中で，我々現代人が対人関係の希薄化，生きがいの喪失，主体性の欠如，深い情緒的体験の減少など人間存在の根本をゆるがす問題に直面しているといっても過言ではあるまい。中でもアニメビデオ，パソコン，ファミコン，ウォークマンなどを愛用する青少年の対人関係の病理現象が最近顕在化しつつある。1988 年から 1989 年にかけて対人関係が希薄なビデオコレクター青年Mによる連続幼女誘拐殺人事件 [1] が発生し，社会的に大きなインパクトを与えたことは記憶に新しいところであるが，その他，大学生によるウォークマン騒音傷害事件 [2] などの発生や，登校拒否の増加傾向 [3] なども青少年の対人関係の病理現象の現れと見ることができよう（小川，1989・1990 年）。これまで筆者は，オランダの精神科医ヴァン・デン・ベルク，J.H.（1954 年），および心理学者早坂泰次郎（1991 年）らが提唱する，現象学的方法論を基礎とする個人カウンセリングならびにＴグループなどの，心理臨床活動に携わると共に，コンピュータ化の進展する現代社会に生きる人々の対人関係の病理とその克服に関し，臨床社会心理学的な見地から研究を展開し

てきた（小川，1988年）。本章では，登校拒否児N君（高校1年生）の心理臨床の事例を取り上げ，「アニメビデオやパソコンなどにのめり込んだ青少年の対人関係の病理とその克服」の問題を考察したい。

　N君の事例は，かつて筆者が登校拒否文化医学研究所（高橋良臣主宰）のカウンセラーとして約1年間にわたり関わったケースである。アニメビデオやパソコンへのめり込み，不登校，対人不安，肉体的なコンプレックスなどの問題を克服して復学していったN君の世界の変容を，カウンセリングのプロセスを通じて明らかにしてゆきたい。

2．事例概要

〈**クライエント**〉　高校1年生N君（初回面接時15歳）東京近県在住

〈**主訴**〉　登校拒否，アニメビデオ，パソコンへのめり込み，対人不安，両親への不満，肉体的コンプレックスなど

〈**家族構成**〉　父（48歳），母（44歳），祖母（父側，73歳），Nの4人家族。家業は自営業，Nが小学1年のころから都内で食料品店を営む。昼間は母も店を手伝っている。

〈**来談までの経過**〉　東京のA区で生まれ，4歳の時，東京近郊のB市へ転居。昼間は両親不在のため主に祖母に育てられる。幼少のころは喘息もちで病弱，おとなしいいわゆる良い子として育つ。友人は比較的少なく，家の中での一人遊びが多かった。テレビ好きで特にウルトラマンなどのアニメが好きだった。小6のころビデオを買ってもらい何度も同じアニメを繰り返して見ていた。C中学入学後，卓球部に所属し，比較的元気に登校していたが，中学2年の5月ごろ，部活の友人との関係が悪化して退部。そのころ親にパソコンを買ってもらい，プログラムを組んだり，コンピュータグラフィック画面を描くなど，毎日ほとんどパソコンと共に過ごした。その後中2の1月，進学塾に通い出した（親が強制的に行かせた）が20日間ぐらいで挫折。2月の学力テスト直後から中学を休みはじめ，中3の6月まで不登校が続く。その間，ほとんど自室に閉じこもりパソコンの前に座ってゲームをしたり，プログラムを作ったり，またアニメビデオを見たりして過ごした。中学校の担任のすすめで登校拒

否児のための特別クラスのあるＤ中学へ転校。約10名の少人数のクラスへ時々（1ヵ月に2〜3日程度）通ったがあまりなじめなかった。Ｘ年3月何とか同中学を卒業。担任に励まされ同年4月同市にある県立のＥ高校（定時制）へ入学。4月5日の入学式と翌日のオリエンテーションの2日間は登校したが3日目から不登校。ほぼ同時に4月中旬から昼間，Ｎの趣味の一つであるアニメーション関係のＦ専門学校（授業は午前中3時間程度，週5日，1年制）に自らの希望で通い出す。Ｆ専門学校へは通学が1時間半かかるにも関わらず無遅刻，無欠席で通学している。Ｎの趣味はアニメ，パソコン以外にはマンガ，ＳＦ小説などで，かなりの凝り性（マニア）。これまで，中学2年の2月ごろＢ市の教育相談所や近所の精神科へ母子共に出かけたことはあるが，継続的な治療やカウンセリングには至っていない。母の知人の紹介で来所。

3. 面接過程

1回当たりの面接時間は毎回ほぼ50〜60分である。「　」内はクライエント（Ｎまたは母親）の発言，『　』内はカウンセラー（以後Ｃｏと略す）の発言内容を表す。両者とも筆者が要約したところもあり，必ずしも逐語的記録ではない。また［　］内はＣｏの所感，コメントなどを表す。

〈**初回（インテーク面接）**〉　Ｘ年5月13日（Ｎ本人および母親）

Ｎは母親と一緒に来所した。身長170センチぐらい，多少肥満型［後日，体重約90キロと判明］で口数の少ない，いわゆるシャイな少年であった。おかっぱ風の長髪に，どことなくあどけない丸顔。伏し目がちで顔の半分ぐらいは髪の毛で隠れていた。時々頬をヒクヒクっとさせたり［軽いチック症状と思われる］，照れ笑いを浮かべながら，これまでの状況を話した。［体に似合わずおどおどして気の小さい感じ］。母親は地味で小柄な商店のおかみさんタイプ。これまでの経緯をテキパキと簡潔に説明した。母親とは次週に個別に面接することにし，残り30分はＮ単独で彼の訴えを聴いた。

「Ｅ高校は怖い人（不良っぽい人）がたくさんいて恐ろしかった。同年代の人もいやだった。休み始めてから2，3日は校門のそばまでは行ったが，気分が悪くなり帰ってきてしまった。とてもつらかった。それに比べＦ専門学校の

方は1クラス15人ぐらいだし，クラスメイトはほとんど18歳以上で，雰囲気も悪くない。通学に1時間半もかかるし，満員電車はつらいし，教室ではとても緊張するけど，これまで何とか無遅刻無欠席で頑張ってます。もうじき好きなアニメの撮影実習もあるし……」と語り，はじめてちょっと顔を上げた。『そうか，それは頑張ってるな』と答え，しばらく雑談。その後Coが『他に今悩んだり困ったりしていることはないの？』と尋ねると次のように答えた。「年上の人なら平気なんだけど同年代の友達［1歳上から1歳下まで］の前に出られない」，「太ってて足が短い自分の体型もいや」，「知らない人の前に出ると視界が白っぽくなって緊張してしまう。特に同年代の人がいや」，「それから両親ともうまくいっていない。母親は自分がそばにいて欲しい時にいてくれなかったことが不満だし，父親とも話ができなかった。今でも父には面と向かってほとんど話せないんです」。

　そのほか趣味はアニメの他にパソコン，ビデオ編集，マンガ，ＳＦ小説などに凝っており，「自分の世界に入れるから」とその理由を説明した。そのほかCoが多少気になったのは，時々くせだといいながら突然右手で自分の頬をたたくなどひょうきんなアクションを見せたり，意味不明の独り言をつぶやいたり，突然話題を変えたりしたことであった。また「以前にいい自分と悪い自分が喧嘩し，悪い自分が，自分の内臓を取り出そうとする夢をよく見た」という残虐性のある夢の話も気になったので，次回再度面接しカウンセリングを継続するか精神科にリファーするかを判断することにした。

〈**2回**〉5月20日（母親のみ）

　Nの生育歴［2節参照］および現在母として気になっていることなどを中心に話を聴く。

　「NのE高校（定時制）への進学は失敗だった。昼間の高校へ行けなかったコンプレックスが感じられる。さりとてF専門学校へもあまり行って欲しくはない。今でも親として葛藤がある」という。『家にこもりっきりよりはずっといいですよ。N君が頑張っていることも認めて欲しいですね』とふっきれない母の気持ちをくみ取りつつ，NのF専門学校への通学継続を支援して欲しい旨要請した。

　また，Nがパソコンやビデオに凝りはじめ，視力が大分落ちたのと，この1

年半で 25 キロも太ったことなど，Nの健康も気になっているとのこと。

母自身も嫁ー姑問題がこじれ，Nが3歳のころからパートで働きだしている。Nが小1のころから食料品店を始めたので，母としてNへの関わりが不十分であったと感じている。C中学で登校拒否が始まったころ，ほとんど親が動いてくれなかったことへの不満，D中学へ無理やり転校させられたことへのこだわり，C中学の同窓会へも行けないことへの後悔などをNがよく口にするという。

〈**3回**〉5月27日（N本人のみ）

はじめは多少緊張気味だったが，よく話をした。F専門学校への通学は続いているという。「完璧主義だから」と照れ笑い。「とにかく今，友人が欲しい。パソコンやビデオばかりではやはり暗いですからね」とさびしそうに笑う。今の悩みは太っていること，話し方やアクセントが変（茨城弁に似ているといわれる）だし，友達の中にいても気がつくと浮いていたりすることだという。さらに前回同様両親への不満を訴え「小さい時そばにいて欲しかった。おばあちゃんとでは話が合わなかった」と語った。また「E高校はもう諦めます。今からでも来年普通高校に行けますか？」と尋ねる。『今から準備すれば十分可能だよ。また今度ゆっくり話そう』と答えると大分安心した様子。

再度面接してみて前回感じた病的な不自然さはほとんど見受けられなかった。［インテーク面接時に感じた不自然さは初回の緊張感によるものと思われる］。Nは緊張すると，支離滅裂な言動をとる傾向があり，基本的な現実認識は特に問題なしと判断した。そこで，Nと相談のうえ今後もカウンセリングを継続して行くことにした。

〈**4回**〉6月10日（以降N本人のみ）

「やはり普通高校へ行きたくなった。部活もやりたいし，できれば大学にも行きたい」と将来への意欲を語る。また「F専門学校の年上の友だちがうらやましい。バイトをしたり，バイクに乗ったりできないので話について行けない。同年代の友人がいないのも寂しい。でもいればいたでコンプレックスを感じちゃうし……」と悩みを語る。

また「家に帰るとパソコンの前に4～5時間は座っているけど，昔みたいに夜中までやることはなくなった。作りたいプログラムもあまりないし，パソ

コン通信をやったり雑誌に出てるプログラムを改造したりして遊んでます」などと日々の生活を語る。それから「暑さ寒さなどの感覚が他の人とちがうこと，また1日に入浴3回・洗髪数回ぐらいしないと気が済まなくなることもある」ことなど，最近Nが気になっていることを話した。［多少強迫神経症的なパーソナリティ傾向があるが日常生活に支障が出るまでには至っていないようである］。前回以上によく話をした。Coより夏休みに行われるサマーキャンプ（高橋良臣，1988年）への参加を勧めてみる。次回より1週間に1回面接を行うことにする。

〈5回〉6月17日

「最近F専門学校の友人から明るくなったねと言われたし，クラスメイトと少しずつ話ができるようになった」と照れ笑いを浮かべながら話す。『良かったね』と答えると，「やはり高校へ行きたいな。全日制に行ければ一番いいし，だめなら通信制でもいい」と前回の話を繰り返す。また前回提案したサマーキャンプへもできれば参加したいとのこと。高校の件，サマーキャンプの件についてはしばらくの間じっくり話し合うことにする。

〈6回〉6月24日

「やっぱり太っていることがとてもいや。中1のころは65キロだったのに中3には90キロになってしまった。中2のころから制服が苦しくていやだった。背も低いし，足も短いし，汗っかきだから。C中学の時，クラスメイトによくダサイってからかわれたり，いじめられた。だから今でもC中学の友人と会いそうなB駅近くの街へは行けない。F専門学校のある東京までは何とか出られるのに」と悩みを苦しそうに語る。「でもF専門学校では多少開き直ることができるようになった。それでも女の人がそばに来ると逃げてしまう。こわいのかな。小学校の時，太っているとからかわれて女の子をぶってしまったいやな思い出があるから」，「逃げちゃダメ，前向きになれ，自分の哲学をつくれ」と夢の中で，もう一人の自分に言われているという。

その他，最近SF小説に凝りだしたこと，いろいろな資格（英検など）を取りたい，アフリカに行ってみたいなどという話を聞く。

〈7回〉7月1日

予備校の模擬試験（高校入試）を受けてみたが，まわりが女の子ばかりであ

がってしまった。特に理科ができなくてパニックだったという。

「Ｆ専門学校の雰囲気が暗くていやだ。プロモーションビデオ（明るい）とのギャップがあっていやだ。クラスにもまとまりがない。となりのクラスは授業も進んでいるし楽しそうでうらやましい。朝起きるのと通学の満員電車がとてもいやだ」という。5人グループの撮影の実習でも，一人とてものろまで，ＮＧばかり出すＡ君というクラスメイトがいて，グループの中でＡ君とＮが"のろまコンビ"と言われるようになってきているのがいやだという。もう一人の自分が「今止めたらだめだ」という夢をよくみる。

「何とか今の状態を脱皮したい。やせたい。パソコン通信のシステムもバージョンアップしたけど，電気代，電話代も節約しなくては。15歳だからアルバイトもできないし。でもビデオデッキももっと良いのがほしいな。今もっているのではもの足りない」。

〈8回〉7月8日

「Ｆ専門学校の実習の時間，Ａ君がカメラをこわしてしまったようなんです。共同責任だからとてもショック。胃が痛くなる」と大分動揺した様子。Ｎが落ち着くまでの間，Ａ君が操作ミスをするまでの経緯を聴く。とにかくカメラが本当に故障したかをもう一度調べてから対策を考えることにする。来週実習の班の組み替えがあり，「Ａ君とは別の班になれるはずだったのに」と今日の事件が頭を離れない。シナリオの授業でも表現が独りよがりでストレートすぎるとコメントをもらったとのこと。それも落ち込みの一つの要因らしい。

最近ＳＦ小説に凝っており本を2〜3冊読まないと眠れない時があるという。凝り性でマンガを1,000冊以上集めたこともあるし，アニメビデオも300本ぐらいは持っている。「とにかく自分の世界を作らないと落ち着かないから」と話す。

その他，「高校に行って演劇をやりたかった」と語る。「演劇にしてもアニメにしても子どもたちに夢を与えられるから」という。またサマーキャンプは8月20日ごろから1週間参加することにしたいとのこと。

〈9回〉7月15日

「夏休みに予備校の講習や大検のテストも受けてみようと思う。今までの遅れを取り戻して普通高校に行きたいから」という。

F専門学校の方もクラスの友だちの顔と名前が一致し，大分落ち着いてきたようだ。「いいなと思う女の子もできた」とのこと。

また面接の予約時間の変更を母が電話してきたことに触れると，実は中学のころから電話が苦手で，未だにかけられないとのこと。「相手の顔が見えないから苦手で。要するに電話恐怖なんです」と照れる。

〈10回〉8月8日

サマーキャンプの正式申し込みをしたとのこと。8月21日から28日まで7泊8日の予定，参加者は7〜8名の見込み。『楽しく過ごせるといいね』と言って送り出すことにした。

「大検のテスト一応受けたけど全然自信がない」という。『今年は受験できただけでも良かったじゃないか』と答える。「夏休みに入って，家にいると空しくなってくるのでいろいろなことをやりたい。去年までは逃げていたと思う。でもできなかったことも事実。今年はやれるだけやってみようと思う」とのこと。

最近パソコン，ビデオと過ごす時間が随分減った。1日1〜2時間ぐらいになりつつある。そのかわり活字中毒になってしまったようだ。1日400頁ぐらい読む時もあるとのこと。

予備校の講習とサマーキャンプのため，しばらく面接も夏休みとする。

〈11回〉8月29日

開口一番「サマーキャンプは楽しかった。もう少しいたかった」という。『それはよかったね』と答えると，「近くの山，川，温泉などいろいろな所へ行けたし，とにかくいってよかった。でも，虫が嫌いだし，トイレは臭いし，1日のスケジュールが決まりすぎているのがいやだった」と本音も少し出てくる。「本当は，最初はいやだった。何度か帰りたくなった。寂しいところは嫌いだから。でも人数の多いところもいやだし，自分勝手なんですね。でも頑張ったし，だんだん楽しくなりました」，『本当の気持ちを話してくれてとても嬉しいよ。厭なことを乗りこえて，キャンプの楽しさも味わえて本当によかったね』と答えると，Nはとても嬉しそうにうなずいた。[Nが心から笑った顔を初めて見てCoもとても嬉しかった]。

「キャンプから帰ったら何か心にポッカリ穴があいたような感じがして。家では一人っ子だし，人数が少ないから厭。テレビやパソコンがくだらなく感じ

られるようになった。今までは立体的に感じられていたのに」，「これまで自分は悲劇の主人公だと思っていたが それは錯覚，気のせいだということに気づいた」と立てつづけに話す。『しばらく会わないうちに随分逞しくなったね』と言ってNの方を見ると，日焼けした円い笑顔と白いポロシャツが印象的だった。[キャンプ中，心を許せる友達ができたわけではないが，集団生活の楽しさを少しでも味わうことができたし，厭なことにも耐えるエネルギーが出てきたようだ]。

〈**12回**〉9月9日

9月1日，F専門学校を休んでしまった。風邪気味で起きられなかった。でも2日は何とか登校した。夏休み明けで久しぶりだったので何かギャップを感じたけど，翌日からは少しずつ楽になってきた。16歳のW君と最近よく話をしている。今日は「エッチとスケベの違いについて」話したという。「これからは友だちとの話題づくりのため，もう少し趣味は広く浅くにしたい」と述べた。[だいぶF専門学校でもリラックスできるようになったようだ]。

また「9月15日に小学校の同窓会があるんだけど，C中学の同級生も来るので，行こうかどうしようか迷っている」という。「今でも，中学のころのことあまり触れて欲しくないし，高校に行けなかったことにも後ろめたい気持ちがある」，『行きたい気持ちもあるけど触れて欲しくない過去もあるんだね。当日行きたくなったら行けば。無理することはないよ』とアドバイス。「アニメの専門学校に行ってるので"マニア"とか"オタク"[4]っぽいと言われるのではないか」という恐れもあるようだ。

〈**13回**〉9月16日

髪の毛をバッサリと切ってパーマをかけた。表情も明るく元気そう。目も輝いている。「15日の同窓会，ちょっと遅れたけど行ってきました。二次会は行かなかったけど」，「それから14日にアニメの撮影の実技のテストで98点をもらいました」と嬉しそうにしゃべる。

「これからは過去を捨てて生きようと思う。昔に囚われていてはだめ。髪の毛を切るのに2日間悩んだけど。体重もこの2ヵ月で7キロ減った」，「中学のころは悩んでいるところを人には見せたくないと思って，偽りの自分をつくっていた。壁を作って内にこもっちゃった。それから1年ぐらい友だちと話

さなかった。つらかった。毎日パソコンやったりアニメビデオを見てばかりいた。でももう殻に閉じこもるのはイヤ。そういう自分は嫌いだしそういう時には自分に当たるし，破壊的になる。まわりの人たちも"シンデレラの姉たち"のように感じられる」と鬱積していたNの気持ちを一気に語った。「先週までは高校に行かなかったことは後悔してたけど今では良かったと思えるようになってきた。あのまま我慢して行ってたら自分がだめになっていたのではないかと思う。やっと生まれたかなというのが実感です」と心境を語る。[CoもNが過去への後悔から一歩抜け出したことを喜んだ]，「それから早くやせたい。やっと90キロを切ったけどもっとスマートになりたい」とも話した。[しかし，どうしてもいやという感じではなく，現実の自分を受け入れつつあるとも感じられた]。

〈14回〉10月7日

「来年のことを考えはじめた。やはり高校を受験して，できれば大学まで行きたいと思うようになった。でも今勉強の方は苦しんでいる。好きな科目（国語，歴史）は集中できるけど，嫌いな科目（数学，英語）をやっていると眠くなってしまう」とのこと。

また「F専門学校ではとにかく友達の輪の中に入ろうと努力している。この半年は社会勉強ができたし，通学のペースもつかめた。これからの半年は撮影実習が中心なのでおもしろそう。実習は協力が大事だし，いやなことも逃げないでやりたい。逃げると後悔するから」と語る。[Nの洞察の深さに感動した]。

「そういえば，最近両親に対して悪かったと思うようになった」と感情の変化を語る。「自分がこうなったのは親のせいだと思っていたし，以前は憎たらしかった。いて欲しい時にいてくれなかったのに何で今更という感じだったけど，今は自分も悪かったと思うようになってきた。親には照れ臭くて，面と向かっては何も言えないけど」，『すごいね，君も随分まわりが見えてきたね。ご両親が聞いたらきっと喜ぶと思うよ。そのうちチャンスがあったら話してみたら』とアドバイス。

〈15回〉10月21日

Coの勧めにより，先週D中学の担任だったS先生に会って高校受験の内申書を書いてもらうようお願いしたとのこと。高校への再挑戦の意欲がだいぶ具

体化してきたが，「同年代の人とうまくやっていけるか未だ不安。太っているし，話もうまくできないから」という。『大変だな。来年の４月まで少しずつウォーミングアップしていけば度胸がついてくるかもしれないよ。頑張ってみたら』と励ます。「いまＦ専門学校で，他の科の人とも話す努力をしてるんです」，『そうか，それはいいや。やってるんじゃない。その調子で努力してみたら』というとＮは笑顔でうなずいた。それから最近，何度も風呂に入ったり髪の毛を洗ったりしなくなってきたとのこと。［気候にも関係があろうが，強迫神経症的傾向が大分弱まったものと思われる］。

〈10月28日〉

キャンセル。「学校の実習時間が延びて来所できない」とＮ本人から電話がかかる。

〈16回〉11月4日

『この前は電話ありがとう。君だったのでとても嬉しかったよ』。「いつまでも親にたよってばかりいたくないですからね」とＮが照れ笑い。最近自宅の部屋を模様がえし，中学１年の学校が一番楽しかったころの雰囲気にしたという。Ｆ専門学校の先生から「いつもニコニコしてるね」といわれたり，家庭教師からも「だいぶ落ち着いてきた。勉強も段々良くなってきた」といわれるし，自分でも進歩が感じられるとのこと。

父親とも話せるようになり，カメラの話など少しずつ共通の話題が出てきたという。「以前は，お父さんのこと，恐い，すぐ怒る，話しにくいというイメージしかなかったので拍子抜けの感じがしている」とのこと。「これまで自分の都合ばかりで，相手と歩み寄ることがなかったんですね」と父や友だちとの関わりを振り返る。「これまで自意識過剰だったんですね」，『その通りだと思うよ。いま君と話してて僕もすごく楽だもん。肩の力が抜けた感じがするよ』，「そういえば一昨日撮影の実習でミスをして落ちこんじゃったんだけど，１日で立ち直って翌日は行けたんですよ」と嬉しそうに話す。［Ｎの成長ぶりを実感させられた］。

〈17回〉11月28日

大検の結果が郵送されてきた。「８科目中４科目に合格。父も母も“よかったね”と言ってくれて嬉しかった」という。高校受験の資料を集めだした。話

し合った結果，私立，県立，専門学校の高等部など幅広く検討していくことにする。

　「このごろ，自分の気持ちをふっきれば何でもできるような気がする。電話をかけられるようになった自信は他のことにも生かせそう」だという。「また最近お父さんが"今帰ったよ"などと声をかけてくれるようになった。学校のことなども大分楽に話せるようになった。お父さんはもともと余りしゃべらない方。でもどうせ一緒にいるならブスつとしててもつまらないし，仲良く話をしたほうが楽しいですからね」，「また最近D中学に転校したことも良かったと思えるようになった。母にそのことを話したら喜んでくれた。それから一人っ子にもいい面があることが分かった」という。

　「もうすぐ12月，今年は早かった。去年はとても長く感じたけど」とこの1年を振り返る。そしてCoとこれからの課題を，ダイエット，同年代の友人関係，高校進学の3点に整理した。

〈12月2日〉

キャンセル。「風邪気味で行けません」とNより電話あり。

〈18回〉12月9日

　前回に比べ表情が暗く元気がない。1週間ぐらい前からものに当たることが多いという。「このごろ，いやなことを我慢しちゃうからなあ。友だちの話について行けなかったり，ひとのミスを自分のミスにされたりしていやだった時，何も言えなかった。そういう自分がとてもいやだった」と，いつもより小さな声で下を向いて話す。『そうか。そんなに我慢してちゃイライラするよなあ』。黙ってうなずいた後しばらくして「先週の金曜日も1日に3回もドジなことをして，自分にすごく腹が立った。とにかく一人になりたくて，土日は1日中パソコンでゲームをやって遊んだ。久しぶりだったけど。でもこんどは2日で立ち直れました」と言ってやっと顔を少し上げた。『ついてなかったな。少しは落ち着いたのかい？』，「ハイ，なんとか」，多少Nの顔がほころんだ。「要領が悪いんですね。もっと友だちと話がしたくてもすぐみそっかすになってしまうし。でも前に比べたら学校でも随分リラックスできるようになったから。もう少し時間があればなあ」と本音を語る。また先週3つの高校を見学してきたとのこと。［大分行動的になってきた反面，現実の生活で思いどおりにな

らない場面も多くなってきているようだ]。

〈12月16日〉

キャンセル。「高校の見学に行くことになった」と本人より電話あり。

〈19回〉12月26日

「最近，夜眠れない。何をしていてもむなしいし。家に帰っても一人だし，友だちは帰省かアルバイト。昨日めずらしく友だちから遊びに誘われたけど気が進まず断ってしまった。そのくせ淋しい」という。『随分弱気になっているじゃないか。先月の元気はどこにいったんだろうね』とCoが問いかけると，しばらくして「あまりにも頑張りすぎましたね。“深海魚”が“両生類”に昇格したばかりだというのに，焦ってますね」と少し落ち着きを取り戻したようだ。『じっくりとやることだね。受験勉強ばかりで孤立したら何にもならないからね』とクギをさす。

〈X＋1年1月13日〉

キャンセル。[12月より3度目]，「保健所に行って遅くなってしまったので来週にしてほしい」とNより電話あり。[頻繁にキャンセルをするNのことが気になる]。

〈20回〉X＋1年1月20日

受験まであとわずか，家庭教師にも特訓を受けて頑張っているとのこと。だが，夜あまりよく寝られないし，何となく落ち着かない。F専門学校でも緊張気味でストレスがたまるとのこと。パソコン通信で気を紛らわしている模様。また先週，誕生日を迎え16歳になったとのこと。気分をリラックスさせるめ軽く雑談をする。

受験のため2月は面接を休み3月に再開の予定。その間，母親と一度会うことにする。

〈21回〉1月30日（母親のみ）

「高校受験に関してはNの自主性にまかせている。小さい時から構いすぎて，先取りして世話をしすぎた。中学からは逆に構わなくなったからNが大分不満だったようだ。今はその中間を行ってるつもりです」と語る。

また，家でのNの様子をたずねると，面接に来た日は「気分が晴れる。Coと話すと何か落ち着くんだよなあ」と母に話しているとのこと。また「サマー

キャンプは1日で帰ってくると思ったら1週間も行ってきたし，帰ってきたら生き生きとしていたのでびっくりした。D中学のころは皆と食事もできなかったのに，随分良くなったと思う。11月ころから電話もかけられるようになったし，Nの変化にびっくりしている。最近は受験を控えてちょっと元気がないけど何とかやってる」とのこと。

12月ごろからキャンセルが多く気になっていることを話すと，母親はNから全く聞いていないとのこと。後日調査結果を知らせてもらうことにする。

〈2月3日〉

母親より電話で，N本人が母より預かった面接料をパソコンのゲームソフト購入資金として一部流用していたことが判明したとのこと。本人も反省して，気にしている様子とのこと。受験が近いので次回来所時に話をすることにする。

〈2月20日〉

N本人より電話で，「J高校はだめだったけど，K専門学校高等科に合格した」とのこと。［1ヵ月ぶりにNの元気な声を聞いてほっとする］。

〈22回〉3月3日（以降N本人のみ）

「キャンセルの件，すいませんでした。母に大分怒られました」，『そうか。随分心配したんだぞ。受験に影響しないかって』，「ごめんなさい。反省してます」，『今日は敷居が高かっただろう』，「ハイ，10メートルぐらいでした」と照れながら答えてニコッと笑った。『今日はよく来たな』，「頭を丸める代わりに髪の毛を短く切りました」，『去年のことは水に流して，今日からまた始めよう』とホッとした顔のNに語りかけ本題に入った。

高校受験の問題を話す。「K専門学校高等科は理系だし大学をめざしたいので余り気が進まない」とのこと。話し合った結果，県立の二次募集にチャレンジすることになる。「よく考えたら休学してるけどE高校にもまだ籍はあるわけだし，気楽にやってみます」と言って帰っていった。

〈23回〉3月13日

「県立G高校の二次募集に合格しました」とNが顔をクシャクシャにして本当に嬉しそう。『おめでとう。よかったな』，「11日が発表で，父も母も喜んでくれました。笑いながら“出費が増えるな”って。アニメ，映画，マンガなどの部活もあるし，合格したら急に行きたくなってきました」とのこと。「でも，“や

っていけるかなあ"という不安もある」と言いながらG高校への進学を決心した模様。『春休みに，友達と遊んだり，運動をしたりしてウォーミングアップをすれば何とかなるよ』と励ます。F専門学校の卒業式やG高校の入学準備で忙しくなるといって帰っていった。

〈24回〉3月27日

3月20日F専門学校の卒業式に出席し，謝恩会にも出たとのこと。年上のクラスメイトから"友人と本音で付き合え。そうしないと浮いちゃうよ"とアドバイスされて感激したという。それまでクラスメイトの前で演技しちゃうことが多かったから。でもとてもいいクラスだった。はじめのうちは誰とも話ができなかったNが，最近皆と大分話せるようになってきたことをクラスメイトが喜んでくれて，N自身も「嬉しかった」とのこと。また「昨日母から"父さんもNがよくやったと言ってたよ"といわれ，とても嬉しかった」という。4月6日が高校の入学式。部活や委員会活動を積極的にやりたいとのこと。［だいぶ元気になってきた感じがする］。

〈25回〉4月3日

「いよいよ入学式が近づいてきて少し不安になってきた」という。勉強もついていけるか心配とのこと。『勉強に関しては家庭教師の継続か，補習をやってくれる塾で十分対応可能』とアドバイス。

また高校のクラスで，自己紹介をどうしようか悩んでいるとのこと。「登校拒否してたこと，どう言おうかなあ」と迷っているので『N君はこの1年F専門学校に通ってたじゃないか。登校拒否なんかしてないよ』と応えたら，Nも大分楽になったようだ。結局「F専門学校に1年通ったけど，幅広く勉強して大学をめざしたくなりG高校へ入学」と自己紹介することになる。

〈26回〉5月1日

G高校が休校のため1ヵ月ぶりに来所。遅刻は多少多いが入学以来毎日登校しているという。部活は写真部と山岳部に入った。4月29日には早速山岳部のハイキングに参加，何とかばてないで行ってこられたという。委員会は保健委員会に入った。まだ友だちは少ないがマイペースでやっている様子。4月20日ごろ，一度起きられなくて落ちこんだけれど翌日には立ち直ったとのこと。

時間的に平日の来所は難しいので，面接は一旦終結し，夏休み，冬休みなど

にフォローアップしていくことにする。

〈7月27日〉

「1学期が無事終わりました」と母親より電話あり。Nは元気で山岳部の合宿に参加しているとのこと。

〈X＋2年1月3日〉

Nから年賀状が届く。「何度かやめようと思ったこともあったけど，元気で通学している。8月から空手も始めた。1年遅れても立派に卒業できることを友達や後輩に示したいと思っている」とのこと。

4．考　察

（1）カウンセラーとしての所感

インテーク面接時にNと話した印象では，いくぶん病的な感じが見受けられ，当時，臨床経験の浅い筆者には手に負えないケースではないかとの疑念を抱いたほどであった。しかし3回目の面接を通じ，その疑念はNの緊張時の行動様式に由来するものであることが明らかとなった。その後，徐々にNとの関係が深まっていき，5回目を過ぎるころには手ごたえすら感じるようになってきた。終結まで約1年と，予想以上の成果を上げることができたのは，Nを支えるさまざまな人々の協力があったからであろう。N君が約1年間の面接を通じて高校に復学して行ったのは，面接の効用だけでなく，N本人の潜在能力と日々の努力，友人，先生，家庭教師などCo以外の人々との対人関係およびF専門学校，サマーキャンプ（合宿治療）における体験学習の成果などグループの力に負うところも大きいと思われる。そうした意味からNもCoも大変恵まれていたといえよう。

カウンセラーとして最も強く印象に残っているのは11回〜14回目の面接時におけるNの驚くべき変容ぶりである。それまでのめり込んでいたアニメやパソコンがくだらなく感じられるようになり，またあたかも過去への後悔を断ち切るかのように長髪をバッサリと切り，小学校の同窓会にさえ顔を出したり，不満だらけだった両親とも打ちとけるなどNの世界の変化，成長ぶりには目を見張るものがあった。Nと共にこうした喜びを分かち合えたことはCoにとっ

てもすばらしい体験であり，またとない出会いであった。予後も今のところ順調であり，Nの今後の成長を陰ながら祈りたい。そこで，これまで述べてきた面接過程をふり返って，Nの事例を考察してゆきたい。

（2）面接過程の考察

面接過程はおおむね次の4期に大別可能と思われる。

（第1期）初回－10回　X年5月－8月上旬

リレーションづくりと問題の明確化が中心課題であった。F専門学校に通うN自身の悩みや問題を明らかにし，その後の方向づけを模索していった。その一つのきっかけとしてサマーキャンプへの参加を勧めた。

（第2期）11回－17回　8月下旬－11月

サマーキャンプ参加以降Nの世界が変化しはじめ，さまざまな気づきが起こった。そのNの気づきを概念化し，今後の課題を共に検討した。当面の課題としては，ダイエット，同年代の友人関係，高校進学の3つがあげられた。

（第3期）18回－23回　X年12月－X＋1年3月中旬

進路問題の検討と受験，およびNの出来心による金銭トラブルを伴った1ヵ月半の面接中断（面接の継続危機）を経て，念願の全日制高校に合格するまで。Nの不安定な精神状態を支え，共に進路を検討し受験へと導いた。

（第4期）24回－26回　3月中旬－5月

高校への再入学を前にして，同年代の学生との対人関係の不安，肥満と1年遅れていることのコンプレックスなどで気持ちが不安定になる。そうしたNの精神的バックアップと入学後のフォローアップを行い一応の終結をみた。

（3）Nの世界の変容

そこでN君の事例を，オランダの精神科医ヴァン・デン・ベルク（1954年）の現象学的精神病理学のフレームワークを参考にして考察してみたい。これまでアニメビデオやパソコンにのめり込んだ登校拒否児の世界を，Nとの面接過程を通じて記述してきたが，ここではNの世界の変容のプロセスを，Nと他者との関係，Nと事物や空間との関係，Nと時間との関係，Nと身体との関係の4つの側面から吟味してゆきたい。

①　Nの世界の変化

　それに先立ち，カウンセリング期間中に起こったN君の世界の変化を簡単に整理しておきたい。おおむね次の点が面接過程から認識されうる。

1）アニメビデオやパソコンにのめり込んで自室に閉じこもっていたNが，アニメ関係の専門学校に1年間通い続けた。サマーキャンプ参加後，「テレビ，ビデオ，パソコンがくだらなく感じられアニメも感動がなくなった」とさえ述べている。

2）両親との関係が変化した。両親への不満が自分も悪かったという気持ちに変化し，話もできるようになった。

3）同年代の友人の前に出られなかったNの対人不安傾向が，サマーキャンプへの参加，同窓会，受験，G高校への入学と次第に克服されつつある。

4）電話がかけられなかったNが，電話をかけられるようになったし，かかってきた電話にも出られるようになった。

5）肥満，短足といった肉体的なコンプレックスに関しても，同年代の友人の前に出られるようになったことが物語っているように，N自身が受け入れられるようになってきたように感じられる。

6）F専門学校などでの失敗の体験や出来心による金銭トラブルの発覚などによって落ち込んでも立ち直りが早くなってきたし，いやなことへの耐性も備わってきた。

7）過去への後悔がふっきれ，将来のことに目を向けられるようになってきた。

8）明るくなってきたし，活動的になってきた。

9）凝り性，完璧主義，強迫神経症的なパーソナリティ傾向に関しては大きく変化はしていないが，パソコン，アニメビデオなどの関わりをはじめとして物事へのこだわりが多少弱まりつつあるように思われる。

　以上のNの世界の変化を先にあげた四つの側面から吟味してゆきたい。

②　Nと他者との関係

　来所した当初のNの他者との関係は，外見的にはほとんど閉ざされたものであった。同年代の友人との関係はほとんどないし，家族との関係も，母へは不満，父には恐怖，祖母とは話が合わないと自ら関わろうとはしていなかったようだ。電話さえもかけられなかったほどである。「自分の世界に入れるから」とアニ

メビデオ，パソコン，マンガ，ＳＦ小説など自閉的な世界に浸っていたことがNの話からよく分かる。しかしF専門学校にN自身の意志で通いはしめたころから，他者との関係が多少なりとも開かれたものへと変化する兆しが現れてきた。どんなにつらくてもF専門学校は続けようという意気込みや，カウンセラーに会ってみようという気になったことがそれを物語っている。

　3回目（N本人とは2度目）の面接でNが「友人がほしい」と語ったり，4回目でF専門学校の年上の同級生の話をしたが，その頃から他者への関心が出てきたことが理解できる。5月ごろまでは通学するだけで精一杯だったようだが6月（5回目）に入って，年上のクラスメイトから「明るくなったね」と言われるなど少しずつ友人と話ができるようになった。7月に入って予備校の模擬テストを受けたり，8月に大検のテストを受けるなど不特定多数の同年代の学生の前に出られるようになった。そして7泊8日でサマーキャンプにも出かけた。途中でダウンせず最後までがんばれたことがNにとってはよかったようだ。その後11回目から17回目までの間に，Nの対人関係のありようは大きく変化した。両親とも打ちとけたし，小学校の同窓会へも参加したし，電話もかけられるようになった。父との会話に関し，「どうせ一緒にいるならブスっとしていたらつまらないし，仲よく話をしたほうが楽しいですからね」（17回目）というNの言葉がNの他者との関係の変化を如実に表している。Nの他者との関係が開かれたものへと変化したことが理解できる。

　その後，Nは肥満などの肉体的コンプレックスをかかえながら，進学問題，不得手な同年代の友人関係の克服ととり組み，何とかG高校に入学するチャンスをつかんだということができよう。F専門学校の卒業式の日，年上のクラスメイトから「友人とホンネで付き合え。そうしないと浮いちゃうよ」とアドバイスされたことに感激したとNが語ったが（24回目），1年間かけてクラスメイトとそうした関わりができたことは今後のNの大きな生きるエネルギーとなろう。はじめてカウンセリングルームに来所した当時のNは，ホンネで話のできる他者が，家族，友人を含めて一人もいなかったものと思われる。13回目の面接でNはその当時をふりかえり「殻に閉じこもっていたころは，まわりの人たちが“シンデレラの姉たち”のように意地悪く感じられた」と述べている。他者をそうしたネガティブな存在としてしか感じられなかった来所当時のNの

世界がリアルに表現されている。そうしたNの存在様式がカウンセリングのプロセスを通じて徐々に変化し，Coにホンネで話ができるようになっていくと同時に，F専門学校の友人，両親などへもそうした関わりが広がっていったものと思われる。「Coと話すとなんか落ち着くんだよなあ」という母親に語ったNの言葉がそれを物語っている。カウンセリング，F専門学校，サマーキャンプなどにおける他者との関わりを通じ，他者の優しさ，暖かさに触れ，他者と一緒にいることの楽しさ，素晴らしさなどを体験し，Nの他者との関係が徐々に回復していったものと思われる。

　ただし本事例の場合，厳密に言えば，Nの現実感覚（＝対人関係への関心）が根本的には障害を受けていなかった印象を受ける。N自らの力で閉じこもりの生活から脱し，F専門学校やカウンセリングルームに通い出すエネルギーの存在がそれを物語っている。すなわち，本事例におけるNの変化は，Nの世界そのものが大きく変容したのではなく，Nの世界認識の歪み（対人不安など）が面接過程を通じ修正されていったと見ることができよう。

③　Nと事物や空間との関係

　閉じこもっていた当時のNの世界は，自分の部屋にあるパソコン，アニメビデオとの関係がそのすべてであった。凝り性で中2のころまでにマンガを1,000冊以上集めたこともあるし，アニメビデオも300本くらいは持っていたという。当時Nは他者との関係を閉ざしていたし，物理的空間としては自分の部屋より広がることはなく，自閉的なパソコンやアニメーションの世界に没入していた。

　来所当時もNの生きる世界はパソコンやアニメビデオの関係が中心であったが，なにがなんでもアニメの勉強がしたいとみえ，空間的には閉じこもっていた自室から一歩出て，東京にあるF専門学校へ通いだした。継続的にカウンセリングルームに来所することになってからNの世界は少しずつ広がりを見せ，電車を途中下車して買い物をしたり，アニメ映画を遠くの映画館までわざわざ見にでかけたりするようになってきた。夏休みには予備校の講習やサマーキャンプにも出かけ，Nの生活世界は閉じこもりの時期に比べ飛躍的な空間的広がりを見せた。

　サマーキャンプから帰ってきた直後の面接（11回）で「テレビ，ビデオ，

パソコンがくだらなく感じられた。アニメも感動がなくなった」と述べているが、まさにNの世界が豊かなものへと変化したことをきわめてリアルに表していると言えよう。また同じパソコンとの関わりでも、進路問題に直面したX年12月の面接（18回）では次のように述べている。「[落ちこんだ時]、とにかく一人になりたくて土日は1日中パソコンでゲームをやって遊んでいました。でも前とちがって2日で立ち直れましたけど」。このように、Nは以前のようにパソコンにのめり込んで、パソコンとの関係に埋没してしまったのではなく、パソコンのゲームを気分転換の手段としたにすぎない。つまりパソコンの奴隷となったのではなく、エネルギーをチャージするために主体的に利用したのである。このように同じパソコンとの関係でも来所当時と比べNの関わり方が異なっているのが理解できよう。

またG高校へ入学してからのNは、山岳部と写真部に入り、山へ出かけ写真を撮ったり、庭の草花の手入れを手伝うなど、パソコン、アニメなどの人工的な世界から、自然や人間的な世界へ、また屋内から野外へと、事物との関係や空間との関わりがさらに変化しているのが理解できる。

④　Nと時間との関係

中学2年の3学期に学校を休み出したころから、Nの体験時間は停滞（slow down）し始めたと見ることができる。Nは来所した当初、中学2年のころ親が十分関わってくれなかった、D中学へ無理やり転校させられた、などと何度も語るなど過去にこだわっており、過去から一歩も出られず後悔ばかりが先に立つようなあり方をしていた。この時、Nにとって時間は過去（Gegangenheit）の様相をとりはじめていたと見ることができる[5]。

13回目の面接時に「同窓会へ行った」と嬉しそうに話してくれた時、それまでのことがふっきれて「これからは過去を捨てて生きようと思う。昔にとらわれていてはだめ」とNが述べているが、まさにNの時間との関係が由来（Gewesenheit）へと大きく変化したことを表しているといえよう。登校拒否児にとって、同窓会へ出かけるということはきわめて大変なことである。そうした意味からNが同窓会へ出かけたのは画期的なことであり、過去へのこだわりをすて現在を生きはじめた一つの現れと見ることができる。また「先週までは高校へ行かなくなったことを後悔していたけれど、今では良かったと思える

ようになった」とも述べているが，まさにNにとっての過去の意味が大きく変化したことを彼の言葉が如実に物語っており，それ以後Nの時間は流れだしたといえる。今度は将来のこと，進学問題を考えるようになった事実からも明らかである。

また17回目の面接で「今年は早かった。去年はとても長く感じたけれど」と述べているが，アニメの専門学校に通ったり，カウンセリングを受けたり，楽しいことも多かった今年のNの世界を如実に表しているといえよう。

⑤　Nと身体との関係

来所時は，体重90キロと太っていて，背も低いし足も短いしと，肉体的コンプレックスのことを随分気にしていた。自身の身体を対他的な身体，つまり異物としてしかとらえられなかったことを表している。面接をしていても，大きな体を小さく丸め，縮こまって終始下を向いていた。しかしサマーキャンプに参加して以来，体重も7キロほど減少し，またこれまでのことがふっきれて主体的に行動するようになり，面接に来所しても以前よりは姿勢も良くなり身体も生き生きとしてきた。

中でも，11回目の面接時，Nが来所以来はじめて心からの笑顔を見せたが，その際NとCoの相互身体的な関係に変化が認められた。それまでの照れ笑いや，口先だけの不自然な笑い方ではなく，身体全体で喜びを表しており，その喜びが筆者にも伝わってきたのを鮮明に記憶している。Nが顔を上げCoとアイコンタクトが取れるようになったのも，その時からである。

10月以降，進路の問題を考えるようになった頃から，Nは肥満の問題を口にしなくなった。N自身，多少なりとも自分の身体を受け入れられるように変化していったものと思われる。

（4）対人関係の回復をめざして

これまでN君の世界の変化を種々の側面から吟味してきたが，N君の対人関係の回復に関しては，カウンセリングのプロセスだけでなく，F専門学校への通学，サマーキャンプへの参加などN君のグループ活動への参加が大きな役割を果していたことは言うまでもない。早坂泰次郎（1991年）も指摘しているように，対人関係の回復をめざすには，グループによる体験学習が不可欠で

あり，またその体験の概念化もきわめて重要である。そうした視点からいえば，Nにとっての対人関係の訓練の場（体験学習の場）としてはF専門学校やサマーキャンプなどがある程度その役目を担っており，またそこでの体験を概念化したり，明確化したりする場として筆者とのカウンセリングが大きな意味を持っていたと考えることができよう。

このNの事例のように，対人不安を伴う青少年の心理臨床に関しては，個人カウンセリングだけでなく，状況に応じてグループアプローチの併用も効果的であろう。今後さらに事例研究を積み重ね，対人関係の回復をめざすアプローチを十分吟味してゆきたいと思う。

5．おわりに

N君の事例を通じ，ハイテク時代に生きるアニメビデオ，パソコンなどにのめり込んだ青少年の対人関係の病理とその克服に関して考察を試みた。N君の事例の場合，表面的な病理現象だけでもアニメビデオ，パソコンへののめり込み，登校拒否，対人不安，肉体的コンプレックスなど多岐にわたり，またその背景には中学におけるいじめや，高校進学問題，家庭における親子関係や嫁－姑問題，ハイテク機器の普及に関連した諸問題など，学校，家庭などにおけるさまざまな人間関係の病理，社会病理が考えられる。まさにハイテク時代の「ソシオーゼ」（ヴァン・デン・ベルク，1965年）の問題を象徴したケースといえよう（小川，1989・1990年）。したがって，本問題は，適応理論をベースとした対症療法だけで解決できる問題ではなく，根本的には「社会的事実性」（クワント，1965年）に表象される人間存在の社会的次元に目を開かなければ解決できない問題であろう。本事例で得られた知見をもとに，今後こうした問題への取り組みをさらに展開してゆく所存である。

〈注〉

1) 宮崎勤事件。『朝日ジャーナル』31-43 号（1989 年 10 月 6 日）ほか資料多数。

2) Ｔ大生Ｙによる「ヘッドホンステレオ傷害事件」（「読売新聞」1989 年 10 月 5 日。また本事件に関する考察としては 2 章参照。

3) 例えば，「児童生徒の問題行動実態調査」（文部省，1988 年），高橋良臣（1987 年）など参照。

4) ビデオやパソコンの同好会に出てきて互いに「オタク」と呼び合うネクラで自己中心的にマニアックな若者を「オタク族」という。「パソコンおたく」，「アニメおたく」などという「マニア」と同義語的な使われ方もある（『現代用語の基礎知識』，自由国民社，1990 年）。

5) 時間の体験的時相には "過去" （Gegangenheit） ― "今" ― "未来" （Futur），および "由来" （Gewesenheit） ― "今" ― "将来" （Zukunft） の 2 種類が考えられる（早坂，1979 年）。

第3部

現代社会のソシオーゼ
（家庭児童問題の克服と職場の人間関係の向上をめざして）

　これまで，第1部ではIT時代の人間関係とメンタルヘルスについて，その功罪について考察し，第2部では相談援助の方法論的基礎と相談援助の課程について考察してきたが，第3部では，不登校，引きこもり，虐待，出社拒否，ハラスメントなどの人間関係の諸問題について，その社会的背景（現代社会のソシオーゼ）である，ITの急速な普及の弊害，仕事人間の父親不在，母子癒着などの家族関係，および職場の人間関係の問題の解決とメンタルヘルスの向上について，相談援助（カウンセリング）の事例を通じて，論じていきたいと思う。

7章　IT時代（ハイテク時代）のソシオーゼ[1]
──現象学的臨床社会心理学による一考察──

1．はじめに

　近年のコンピュータ，情報通信技術（IT），エレクトロニクス，新素材，バイオテクノロジーなどのハイテク産業の発達はめざましいものがある。これまで筆者は，こうした「ハイテク時代」などとも呼ばれる現代社会に生きる人々の人間関係の病理とその克服に関する研究を展開してきた。「人間関係の病理としてのテクノストレス」と題する研究では，「テクノストレス」（ブロード，1984年）の問題は表面的な病理現象を「テクノ依存症」，「テクノ不安症」といった概念により図式的にとらえるだけでなく，職場，学校，家庭などの人間関係，その人の生きる世界，社会的背景も十分吟味していく必要性を明らかにした（小川，1988年）。つまり「テクノストレス」の問題は本質的にはコンピュータ労働者のみならず，ハイテク時代に生きる多くの人々にも関わる問題であるといえよう。

　また，論文「テクノ・アメニティと人間関係」では「テクノストレス」の対極に位置した「テクノ・アメニティ」という用語を方法論的に吟味する共に，その用語に象徴された「コンピュータ化，機械化などによる利便性，快適性」のあくなき追求の風潮の影にある神経症的な人間関係の病理現象に関して若干の考察を加えた（小川，1990年a）。いみじくもオランダの精神科医ヴァン・デン・ベルク（1956年）が，神経症の病因は病んだ社会にあるとしてノイローゼの代わりに「ソシオーゼ（Soziosen）」[2]という概念を提唱しているが，本問題はまさに「ハイテク時代（IT時代）のソシオーゼ」ということができよう。本研究は，こうしたこれまでの精神医学，臨床心理学，社会心理学，社会学などの既存の各々独立した学問領域だけでは対処し難い問題への取り組みをめざすものである。本章ではパソコンなどにのめり込んだ登校拒否児とその

家族の心理臨床の事例などを通じ，現象学的臨床社会心理学の立場から「ハイテク時代（IT時代）のソシオーゼ」の問題を考察してゆきたい。

2．ハイテク時代（IT時代）のソシオーゼ

（1）ソシオーゼ（Soziosen）とは

　まずはじめに，コンピュータ化の進展が著しい現代社会（ハイテク時代，IT時代）の神経症的な病理現象を解明するために，"ソシオーゼ"（Soziosen－社会症）というヴァン・デン・ベルクのノイローゼ（神経症）に関する見解を明らかにしておこう。著書『メタブレティカ―変化の歴史心理学』の中で，ヴァン・デン・ベルクは次のように述べている。

　「あらゆる神経症の病因はコミュニケーションの，あるいは―むしろ―社会学的な種類のものです。どの神経症病因も個々人にはありません。個々人が神経症になるのは，もっぱら神経症を発症させるような訴えが，複合的な社会から向けられることによるのです。したがって，"神経症"という呼び方は，もう正しいとはいえません。―（中略）― 神経症患者は，決して自分自身の内部の発病動因，つまり主観の内に閉じ込められた動因のせいで病むのではなく，患者の外界の動因のせいで病むのです。―（中略）― 病気を生み出すのは社会なのです。ですからノイローゼについて語る代わりにコミュニコーゼについて，あるいはむしろ社会症（Soziosen）について語る方がもっと意味があると思われます。」

　また，ヴァン・デン・ベルクは現代西欧社会の病理の特徴に関し，非連帯性，共同体の消失，安定の欠如（生活習慣の変化の速さ），小集団の終焉と増加する大集団の多元性の4点を論じているが，神経症の諸発生因の中で一番強力なものとしては大集団の多元性をあげている。現象学的な歴史心理学のアプローチにより，一人の人間が共同体という一つの集団だけに属し単一の自己を生きていた中世の時代から，産業革命以降複数の集団に属し多元的な"自己群"を生きざるを得なくなった現代までの人間の歩みを見事にとらえ，神経症は「種々の社会的エゴ群の間の紛争」としている。本問題は引き続き別の著書『引き裂かれた人間　引き裂く社会』（1974年）において更に展開されている。

つまり，ヴァン・デン・ベルクによれば「社会が病んでいること，これが一次的な事で，神経症患者の存在は，二次的な意味で語ることができる」のであり，「神経症患者たちとはこの社会的病に堪えられない人びと，バランスをとりえない人びと」なのである。

このように，神経症をソシオーゼ（社会症）としてとらえなおした点は，ハイテク時代の神経症的な病理現象を吟味するうえで誠に示唆に富む点が多い。そこで，ヴァン・デン・ベルクの"ソシオーゼ"の概念を参考にして「ハイテク時代（IT時代）のソシオーゼ」の問題を考えてみたい。

（2）ハイテク時代（IT時代）のソシオーゼ

近年のコンピュータ化が我々の生活様式を大きく変化させてきたことは言うまでもない。こうしたコンピュータ化，情報化は第二の産業革命，コンピュータ革命，情報技術（IT）革命等とも呼ばれている。コンピュータ，ハイテク機器，通信ネットワークなどの普及は，それ以前には考えられなかった驚異的な生産性の向上，効率化，スピード化を実現するとともに，我々の生活を便利で快適なものにしてきた。筆者は先の論文（1990 年 a）において，いわゆる「テクノ・アメニティ」（IT）の影にある現代社会の病理現象を「IT時代（ハイテク時代）のソシオーゼ」と命名し，次のような病理の特徴を指摘した。

1）「自閉的アメニティ」享受の日常化と対人関係の希薄化

2）耐性の虚弱化と操作人間化

3）疑似体験偏重による直接体験の減少

「IT（ハイテク）時代のソシオーゼ」の問題を考えるに当たり，ヴァン・デン・ベルクによる上記の所論にこうしたコンピュータによる第二の産業革命の影響を加味しなくてはなるまい。

本章においては，パソコン，ファミコン等にのめり込んだ登校拒否児の事例[3]を通じ問題の所在を明らかにしたい。

（3）パソコン等にのめり込んだ登校拒否児の事例を通じて

① 〈事例〉パソコンマニアの登校拒否児F

〈クライエント〉　中学 3 年生男子 F 君（15 才）

〈**主訴**〉 登校拒否，パソコン依存症，孤独感，対人不安

〈**家族構成**〉 父親（46歳）建設会社の技術者。仕事人間。出張も多くFが小5から中1の3年間単身赴任。母親（42歳）専業主婦。心配症で神経質な感じ。服装も地味で表情が暗い。妹（12歳）小学校6年。

〈**来談までの経過**〉 幼少の頃からおとなしく手のかからない子で，家の中で遊ぶことの方が多かった。友人は2～3人と少なくグループ活動はしりごみをする方だった。小5の頃から父親の部屋にあったパソコンで遊びはじめる。ゲームばかりでなく徐々にプログラムも作るようになり，中2のころにはマニアの域に達した。中2の2学期ごろから学校でいじめに遭うが何とか休み休み登校。中3に進級する際，父親の転勤により転校。転校先の中学になじめず，5月中旬から不登校。家に閉じこもり1日の大半をパソコンと共にすごした。知人の紹介で母親がX年7月にまず来所。その後母親との面接を繰り返し，同年11月にF本人がはじめて来所。

〈**面接過程（概要）**〉 初回面接の際，Fは緊張のあまり腹痛を訴えた。寡黙で声も弱々しく，終始下を向くばかりであった。身長150センチぐらいでやせ型，メタルフレームの眼鏡をかけている。「家では何をしているの？」とたずねると小声で「パソコン」という返事が返ってきた。そこで筆者が昔コンピュータ技術者であったと話すと，急に顔を上げてニコッと笑った。それから30分ぐらいの間，Fは自分が持っているパソコンの種類，どんなプログラムを作ったか，パソコン通信へ加入したことなどを話し始めた。来所時の緊張や腹痛はどこかへ消え，大分リラックスした様子であった。Fは「家の近くにファミコンをやる子はいても，パソコンのことがわかる友人がいなくてさびしかった」のだと言う。帰りぎわにFは「コンピュータのことを話せたのは久しぶりです。3ヵ月ぶりかな。また来ます」と言って笑顔で帰って行った。それから1週間後母親をまじえてFと相談し，主訴の改善がみられるまで当面週1回のペースで継続的にカウンセリングを行うことにした。

それから2ヵ月間Fはほぼ毎週来所し，しばらくの間は毎回パソコンに関する話をした。筆者に会うのが楽しみになったようで，徐々に口数も多くなり，3回目ごろから，母親が口うるさくFの生活に干渉したこと，父親とは幼少のころからあまり遊んだことがなかった事など，徐々に家族や愛犬の話なども

るようになってきた。父親は毎晩帰りが遅く，休みの日も自室で仕事をしていることが多いという。

　4回目の面接では，登校拒否をはじめた中学2年ごろのこと（いじめにあったことなど）も話をしてくれた。しかし，翌年Fが高校進学という現実問題に直面せざるを得なくなってからまた元のパソコン少年の世界に引きこもりがちになり，面接もとだえがちになった。母親を通じ父親の協力を要請し，進学問題などをFと一緒に考えてくれるように依頼した。

　その後なんとか地元の通信制の高校に進学したが，その直前に家を引っ越し来所に約2時間を要するようになったこともあり，またFが「疲れやすく，通うのが億劫」と訴えたので，しばらく面接を中断して様子をみることにした。通信制の高校の場合月2回程度の登校日以外は自宅学習のため，Fと相談のうえ大学生の家庭教師を紹介した。

　約半年後，Fの意志で面接を再開した。久しぶりに来所したFは，身長が10センチぐらい伸び，以前に比べ明るく逞しい顔をしていた。家庭教師と楽しく勉強したり遊んだりしているし，最近父親とも話ができるようになったという。今回は「友だちとの関係を回復したい」という明確な目的をもっていた。「友だちと何を話していいかわからない」，「パソコン通信なら平気なんだけど，電話がうまくかけられない」，「友だちを前にすると緊張しちゃう」などと訴えた。そこでFの対人関係の問題に焦点を当て，小人数の塾への通学や合宿治療（高橋，1988年）を併用して面接を続けた。それから約1年後，電話もかけられるようになり，登校日もさほど緊張せずに通学できるようになってきたので，継続的な面接はいったん終結し，必要に応じてフォローアップすることにした。

　〈考察〉　F君の事例に関しては，たまたまカウンセラーである筆者が元コンピュータ技術者であったことが幸いし，F君の閉ざされたコンピュータの世界をカウンセリング場面で共有できたことが，その後の面接過程に大きな影響を与えたことは言うまでもない。日常生活において家族にも友だちにも彼のコンピュータの世界を理解してもらえず孤立していたFが，他者との関係を回復する一つのきっかけになったと考えることができる。

　このFの事例のように，対人関係が希薄な子どもが，家族からも友だちからも孤立し，コンピュータにのめり込むことは，一時的に対人不安を解消し精神

的安定を得るには意味があるが，それ以上の人間的成長は望めないであろう。そこから脱し対人関係を回復するには，子どものコンピュータの世界を理解し，子どもが安心して共にいられるような他者の存在が必要であろう。本事例の場合，カウンセラーや家庭教師がその役割を担ったわけだが，根本的には，グループアプローチなどにより，子ども同士の関わりの楽しさや素晴らしさを直接体験させ，友人や家族との対人関係の回復をめざすことが肝要と思われる。

② 〈事例〉ファミコンマニアの登校拒否児A
〈クライエント〉　小学校4年生男子A君
〈主訴〉　登校拒否，ファミコンへののめり込み，対人不安
〈家族構成〉　父親（42歳）食品会社の技術者。仕事人間。Aが小2より大阪に単身赴任中。母親（40歳）専業主婦。礼儀正しく完璧主義。不安傾向が強い。Aを溺愛している。姉（14歳）中学2年。
〈来談までの経過〉　幼少のころは病弱でおとなしく，家の中で本を読むのが好きで難しい本を読みこなした。躾はかなりきびしかった。小1の時，少年野球のチームに入るが1ヵ月でやめる。小学校2年の4月ごろより文字が乱雑になり，チック症状が出て地元の教育相談所へ相談に行き，母子ともにカウンセリングを受けた。「甘やかすように」との指導を受け，9月ごろまでにはだいぶ良くなった。夏休みごろからファミコンに熱中しだした。その後約1年して，小学校3年の10月ごろから，朝学校へ行くのを渋るようになり，その後徐々に欠席するようになった。翌年の2月より不登校。権威主義的な担任の先生が苦手。友人も少ない。家に閉じこもり，ファミコン，テレビ，マンガ中心の生活。中でもファミコンにはかなりのめり込んでおり，1日10時間以上遊ぶこともあるという。姉との仲も悪い。テレビ，ビデオの使用権や金銭的な面でも張り合ったり，姉にさまざまな口出しをする。地元の教育相談所の紹介でX年8月母親と本人が来所。
〈面接過程（概要）〉　初回面接の際に，母親からこれまでの経過を聴取すると共に，Aとはファミコンの話をした。Aは自分のことを「ファミコンの名人」と語り，研究熱心で友だちに負けたことがないとしきりに自慢した。ファミコンの『スーパーマリオブラザーズ』の裏技を発見した話や，秋葉原で格安のゲ

ームカセットを買った話などをした。あどけない顔とは対照的に，経済観念が発達しており，話の仕方も論理的で，大人っぽく醒めた感じであった。母親と相談の上，Ａの様子を見ながら10日に1度ぐらいのペースで母子合同の面接を継続していくことにした。その後10月ごろまで，Ａとの会話はファミコンに関する話題が中心となった。

9月下旬に単身赴任中の父親が単独で来所。母親からは頑固と聞いていたが，物腰の柔らかい人の良さそうな印象を受けた。「とにかく母親が甘やかし過ぎた。仕事が忙しく，子どもの教育を母親に任せ過ぎたのがいけなかった」と語る。Ａについては，「友人との関係が途絶えていること，ファミコンにのめり込んでいること（ＡがＴＶゲームをしているときは無表情で,まるで廃人同様）」が気になるという。最近帰宅した時，Ａを秋葉原へ連れていくなど，父子関係を少しずつ改善しようと努力しているとのこと。安いゲームカセットを探しているＡは「生き生き」しているという。

8回目の面接時，学校に関して「勉強もつまんないし，やりたくない。先生や友だちにも何か言われそうだし。何か命令されるのも好きじゃない。楽しくないし，不自由」などと語る。登校拒否したのは「学校がいやだから。朝起きられなかった。無理に行ったから疲れた。家でファミコンを自由にやりたかった」からだという。また友人について「友だちと野球などをして遊びたい。でも，やめたくなったらすぐやめられなければ困る。だから，少年野球チームなどに入るのはいや」と語る。

9回目の面接時，久しぶりに童話の本（『裸の王様』）を読んで「面白かった」とあらすじを理路整然と話してくれた。「もし友だちとその話の劇をやるとしたら何の役がいいかな？」とたずねると「やりたくない。見ている。」と答えた。

12回目の面接時，「家にいると楽しくない」と言い出した。Ａと相談して大学生の家庭教師を紹介することにした。そのころから時々近所の友だちとも遊ぶようになってきた。

15回目の面接時，2月に家族4人で2泊3日のスキー旅行へ行き，とても楽しかったと嬉しそうに語る。また，近所の公園で友だち5人と野球をして遊んだとのこと。家庭教師とも仲よくなり，楽しく遊んだり話をしたりしているとのこと。変にさめた大人っぽさが影をひそめ，年齢相応の子どもらしさ，

屈託のなさが目立つようになった。

16回目の面接時，3月に入り久しぶりに学校の行事（学芸会）に参加し，教室にも入ったとのこと。母親が特に嬉しそうであった。その後，時々登校し，3学期の終業式にも出席したという。

その後5年に進級し，無理をせずAのペースで週2，3日登校するようになった。5月には，乗れなかった自転車にも乗れるようになったり，近所の子ども会の運動会に参加するなど，Aの世界が徐々に広がってきた。一方ファミコンに毎日向かうことはなくなり，やっても2，3時間で済むようになった。「前は雨の日の方が好きだったけど，今はお天気の方が好き」というAの言葉がそれを物語っている。7月には2泊3日の林間学校にも参加し，楽しかったという。2学期からはほぼ毎日登校するようになったので，Aとの面接は一応終結し，必要に応じて母親との面接を行いフォローアップしていくことにした。

〈考察〉　A君の事例はまさにファミコン少年の人間関係の病理現象を象徴したケースといえよう。「友だちとはやめたくなったらすぐやめられる関係でいたい」という発言をしたことは当時のAの対人関係の希薄さを顕著に表しており，友だちとの関係を，まるでTVゲームのスイッチをONしたりOFFしたりするのと同じように考えていたと見ることができよう。また「もし劇をやるとすれば」という仮定の質問に対して「見ている」と答えたAの発言は，まさに傍観的な，まるでTVドラマやゲームの画面でも見ているような，あり方を表していたと言えよう。

本事例の場合もF君の事例と同様，当初カウンセラーとしての筆者がA君のファミコンの世界をカウンセリング場面で共有し，一緒に楽しい話をしたことが，A君との信頼関係を築き，その後の面接を継続させる原動力になったものと思われる。またカウンセリングのプロセスを通じてAの世界が広がり，ふたたび登校できるようになっていった背景には，カウンセラー，家庭教師など信頼できる他者との出会いや，家族，友人，先生などとの対人関係の回復が考えられよう。

③　2つの事例を通じて

この2つの事例からも明らかなように，たまたまパソコンやファミコンに

のめり込んだ少年の問題を，「テクノ依存症」というコンピュータへの過剰適応として一面的にとらえるだけでは十分ではない。例えば，F君の事例の場合，表面的な病理現象（フェノタイプ[4]）としては「テクノ依存症」，「登校拒否」，「対人不安」などがあげられるが，その背景には（ゲノタイプとしては）学校における管理教育，いじめ，偏差値偏重などの問題，父親の単身赴任の問題，家庭における父親不在，母子癒着などの親子関係の病理など，さまざまな人間関係の病理，企業社会の病理などが考えられる。まさにハイテク時代の「ソシオーゼ」の問題を象徴している典型的なケースといえよう。

　2つの事例の共通の特徴として下記の2点が挙げられよう。

　1）ファミコンなどへののめり込みを伴った登校拒否

　2）会社人間（仕事中毒）の父親，父親不在の家庭

　各々の病理に関してはこれまで精神医学，臨床心理学，社会心理学，社会学等のさまざまな分野で，個別に研究がなされてきたが，その相互関係や関連を論じたものは比較的少ないように思われる。両者のいずれもがヴァン・デン・ベルクの「ソシオーゼ」という概念の中核である所属集団などの「多元性」に由来していると考えることが可能である。登校拒否児は主に家庭と学校，仕事人間の父親は主に家庭と会社という2つの集団に属する社会的エゴ群間の葛藤であり，コンピュータへののめり込みは，学校，家庭などの複数の集団に属するエゴ群とコンピュータの世界に同一化したエゴの間の葛藤と考えることができる。こうした多元的自己群を生きることの難しさに加え，生活習慣の変化の速さに起因した社会生活の安定の欠如をあげることができよう。以上の観点から上記の2つの問題を考察していきたい。

3．ファミコン少年にとっての学校と家庭
——コンピュータへののめり込みを伴った登校拒否の問題を通じて——

　これまで，登校拒否の問題に関しては，さまざまな立場からその発生要因に関する諸説が論じられてきた。大別すると，自我の脆弱さや対象不安など子ども自身の問題，そうした子どもを育ててきた両親や家族関係など家庭の問題，その子どもを受けとめきれなかった学校，教師の問題，それらを取り巻くコン

ピュータリゼーション，情報化の進展が著しい企業優位社会の問題などがその要因としてあげられている[5]。

　筆者の登校拒否児とその家族の心理臨床の経験から考えても，登校拒否の問題は，単独の要因に帰結可能な事例はほとんどなく，むしろこれらの諸要因が複雑に絡み合って発現すると考える方が現実的であろう。先にも触れたように，ファミコン少年の登校拒否の問題は，まさしく「ハイテク（ＩＴ）時代のソシオーゼ」ということができよう。ヴァン・デン・ベルクが指摘しているように，それぞれ問題を抱えた学校と家庭という２つの集団に属さざるを得ない子どもの社会的エゴ群間の葛藤が一次的な問題であり，その社会的病に対する子どもの耐性の虚弱さが二次的な問題として考えられる。管理教育，知育偏重の偏差値教育，問題教師の存在，いじめ等の問題を抱えた子どもにとって緊張を強いられる学校と，テレビ，ビデオ，オーディオ機器，ファミコン，パソコンなどの一人遊びの道具が完備し，何から何まで教育熱心な母親が身のまわりの世話をしてくれる，快適さの保証された，父親不在の家庭との間の落差は極めて大きいといえよう。

　先程の２つの事例において，Ａ君やＦ君がこの学校と家庭との間の葛藤に耐えられず家に閉じこもり，ファミコン，パソコンにのめり込んだと考えても何等不思議はない。Ａ君の場合も，学校については「勉強したくない，楽しくない，不自由」，また登校拒否をした理由に関しては「学校がいやだから。朝起きられなかった。無理に行ったから疲れた。家でファミコンを自由にやりたかった」などと述べているが，まさしく学校と家庭の間の葛藤に耐えられなかったことが理解できよう。

　また，子どもたちの対人関係の希薄化，遊び方の変化も見のがすことができない。学校の知育偏重化傾向，いわゆるガキ大将をリーダーとした地域の遊びグループの消滅，ＴＶゲームなど臨場感のある一人遊びの道具の普及等により，友だちとグループで遊ぶ機会を減少させ，その苦楽をほとんど体験したことがない子どもが増えてきている。こうした子どものグループ体験の機会喪失の傾向は，対人場面での耐性の発達遅滞を招くだけでなく，対人不安の増大，対人関係の希薄化，マン・マシン関係化，疑似体験化などの傾向を助長することになりかねない。

Ａ君の事例の場合，その傾向は特に顕著である。先にもふれたように，友人との遊びに関し，「何人かで野球もしたいけど，やめたくなったら，すぐにやめられるのがいい」という来所まもないころのＡの発言は，まさにＡの友人関係のマン・マシン関係化を表しており，まるで友だちとの遊びを，ＴＶゲームのスイッチをON したり OFF したりするのと同様にとらえていたと見ることができる。その当時のＡが対人場面での耐性が虚弱であり，遊んだり話をしてもいいと思う友だちや大人の許容範囲は極めて狭く，また関わり方も消極的かつ傍観的であったことが面接過程から理解できる。

　そうしたＡが筆者とのカウンセリングや，大学生の家庭教師との関わりを通じて，徐々に家族（特に父親）や友人たちとの関係を回復し，復学しつつあるのは，他者との関係の中でＡの世界が変化していったからにほかならない。Ａにとって，学校が「とにかくいやなところ」から「いやなこともあるが楽しいこともある所」に変化すると共に，家庭が「快適で楽な所」から「楽だけど疲れる。楽しくないところ」に変化し，それと同時に「ファミコン中心の生活」から「ファミコンでも遊ぶ生活」へと変化したといえよう。すなわち，他者との関わりの中で，Ａの生きる世界が一元的な世界から多元的な世界へと変化したものと思われる。

　このように，ファミコン少年の登校拒否の問題，すなわち「ハイテク時代（ＩＴ時代）のソシオーゼ」の問題を克服するには，カウンセリングのみならず，ケースワーク，グループワーク，合宿治療（高橋，1988 年），家族療法など，子どもや家族の対人関係の回復や生活環境の変化をめざすアプローチを模索していくことが極めて重要であろう。

4．企業人とその家族にとってのソシオーゼ
　──「父親不在」の問題をめぐって──

　登校拒否の問題を考察する際に，家庭における親子関係，夫婦関係，兄弟関係，嫁姑関係などの家族関係，家族力動の視点は極めて重要であることはいうまでもない。これまでの登校拒否の研究の多くは，母子関係，父子関係を中心とする家族関係やそのダイナミズムを取り上げてはいるものの，家族を取り巻

く学校，企業などとの相互関係の視点からの検討はいまだ十分とは言いがたいものがある。

　先の２つの事例の共通の特徴として，父親の単身赴任，父親不在（仕事中毒），母子癒着など家庭環境の問題が明らかとなったが，中でも家庭における「父親不在」，父親の仕事中毒（「会社人間化」）は，まさに現代の企業社会における「ソシオーゼ」の一端を表しており，本問題は会社と家庭という２つの集団に属する父親の社会的エゴ群間の葛藤の帰結と考えることもできよう。

　この「父親不在」の問題はドイツの精神分析家ミッチャーリヒ（Mitscherlich, A.）がその著書『父親なき社会』（1963 年）を発表し，現代社会における伝統的な父親像の崩壊と権威の失墜を指摘して以来，各方面から注目されるようになった。ミッチャーリヒは「分業の発達，住居と労働場所との分離，自立生産者から消費的な賃金労働の被傭者の立場への変化は，父親の権威の空虚化と父親の家庭内および家族外の威信の失墜とをたえず促進してきた」と述べ，その結果，子どもにとっての社会化モデルである父親の世界が子どもの世界から分離され，子どもの自立や精神的成長に関するさまざまな問題が生じたと指摘しているが，まさに「ソシオーゼ」と同様の問題提起といえよう。

　最近，単身赴任や長時間労働による物理的な父親不在の問題が各方面で論じられているが，物理的な不在そのものが必ずしも家族関係の問題を引き起こすわけではない。父親と家族の努力によって 15 年間の単身赴任生活を無事乗り切ったＴ社のＳ氏のような事例もある [6]。むしろ，物理的には同居していても，家族にとって存在感のない父親，家族への関心が乏しく，家族との関わりを避けてしまう父親など，精神的な父親不在の方が深刻な問題であろう [7]。ここでは物理的な不在がもたらす精神的な父親不在もさることながら，そうした精神的な「父親不在」の問題を家族との関わりの視点から考えてみたい。

　本問題に関しては今後詳細な研究を展開していく所存であるが，本章ではその第一歩として，二人の企業人の体験に根ざした所論を取り上げ問題の検討を行いたい。これらの所論は現代社会に生きる我々にとっても，また今後の研究にとっても問題提起になっていると思われる。

　ある大手企業Ｎ社に勤務する芝浩（1989 年）は「職場と家庭」と題する論文の中で，いわゆる「仕事中毒」，「父親不在」に関し次のように述べている。

「日本人の働き過ぎについてはかねがね指摘されている。特に高度経済成長は「追いつけ追い越せ」の労働意識によってもたらされたと言ってよいであろう。現在でも事情それほど変わっていない。とくに将来を期待されている，あるいは自分でそう思っている人々は家庭より職務の中に生きようとする。与えられた職務を与えられた時間の中で達成するために家庭をかえりみず，自分の健康さえ犠牲にして職務に自分を投入する。職務の達成すなわち自己実現であると信じているように見える。彼らがそのように考え，行動することは自由（勝手！）であるが，共に生活している妻，子どもにとって，それは何であるのか。単身赴任は家族にとって物理的に遠い存在であるが，職務中毒は物理的に近いが心理的には遠い存在である。彼らにとって家庭とは「労働力再生産」の場であるに過ぎないのではないか」。

この芝氏の所論は，仕事中毒の父親が，家庭を，すなわち家族の一人ひとりを「労働力再生産」のために手段化し，家族関係に大きな影響を与えているという鋭い問題提起といえよう。こうした父親にとって家庭は単なる休眠所にすぎず，また家族にとって父親との関わりは極めて希薄なものとならざるを得まい。「物理的には近いが心理的には遠い存在」という父親の在り方がまさに「父親不在」ということになろう。こうした問題の異常性は日常生活の中では不問に付され，非日常的な契機に初めて気付かれる傾向にある。

例えば「朝は7時前に家を出て，深夜に帰宅していた毎日。東京では当たり前だった働きバチの生活がロンドンに来て異常だと気づいた」というY証券会社に勤務していたI氏（37歳）の例もある。I氏の場合「ロンドンでの3年間の任期明けを前にエディンバラの年金基金の運用担当者へと転職した。金融街シティで営業課長として業績をあげ，帰国すればそれなりのポストが用意されていたが，「兜町に戻ったら，豊かな生活はできないと思った」からだ。給料はかなり減ったが，20分通勤圏に600平方メートルの家を構え，妻，4人の子どもと夕食を共にできる」（「朝日新聞1991年1月7日特集『1991日本はどこに－6』」という。I氏の場合「父親不在」の問題をロンドンへの転勤という契機を通じて気付き，転職を通じて解決したと言えよう。

また先程のA君やF君の事例においても，会社人間の父親が事の重大性に気付き，家族への関心を取り戻すことにより，子どもの状況が変化してきたのは，

「父親不在」であった家庭に父親が帰ってきた，すなわち父親をめぐる家族の関係が回復してきたことの現れと見ることができる。「会社か，家庭か」といった二者択一的な生き方ではなく，子どもの登校拒否問題を一つの契機として，父親が「会社も家庭も」という多元的な生き方へと変化していったのであろう。まさしくソシオーゼ克服の第一歩を踏み出した一つの例と言えよう。

5．ソシオーゼの克服をめざして

このように，ソシオーゼの問題は，その発生因が複合的な社会にあるため，適応理論をベースとした対症療法だけで根本的に解決できる問題ではなく，「社会的事実性」（クワント，1965年）に表象される人間存在の社会的次元，つまり社会的役割，組織，制度などに目をひらかなければ解決できない問題であろう。

その克服に当たっては，ＩＴ（ハイテク）時代を生きる我々一人ひとりのあり方を問い直し，対人関係の回復，組織の人間化をめざすアプローチを模索していくことが大切であろう。換言するならば，多元的な生を主体的に生きること，「事実性」を生きることをめざすのがソシオーゼ克服への道といえよう。

例えば，筆者も関わっているＩＰＲトレイニング[8]（早坂，1979年）や立教大学社会福祉研究所公開セミナーの新シリーズ「家族の生態学[9]」では，先に検討した家族と企業の問題を取り上げてきた。例えば，ＴＤＫ株式会社に勤務する石原正雄（1990年）の「企業の人事担当として感じた家庭と仕事のはざま」と題する講演はソシオーゼの克服を考える上で誠に示唆に富む点が多く，本章の締めくくりとしてその一部を引用したい。

「私は，ＴＤＫという会社に約20年間勤務しておりますが，私の一つの誇りは当社の社風です。非官僚的といいますか非常に柔軟な思考，風通しの良い社風です。私はこの会社が大好きですが，その一つの理由は，3代目の社長で，現在相談役の素野福次郎の思想に共鳴したからです。

今から，15年ほど前に素野社長がこう言われたことがあります。『よく"家庭を顧みずに仕事に打ち込む"とか"仕事のために家庭を犠牲にする"などといったことを言う人がいる。しかし，私はこれは嘘だと思う。あるいは，家庭

をおろそかにしていることをごまかすための口実ではないかという気さえする。自分の子どもを立派に育てるのは，人間としての務めである。自分の子どもも育てられないようでは，会社で部下を育てることもできないであろう。企業経営の基本は，人に対する思いやりである。人に対する思いやりは，まず家族からはじまる。これは根本である。その根本ができていない者が，人の心を大切にする企業経営をできるはずがない』。

　15年前といえば，企業の経営者がこのような発言をすることはまだ奇異な感じのする時代でした。しかし，今考えますと，同じ時代はそのころから大きく変化をし始めたのではないかと思います。それまでは，身を粉にし，家庭を犠牲にして会社のために一生を捧げることが美徳であったのですが，人間にとって何が一番大切なのかという問いが見直されるように変わってきました。

　私は，20年間この会社で人事担当として仕事をしてきました。遭遇する諸問題に関して，必ずしも素野社長の思想どおりにことを進めてきたとは思いませんが，企業の経営効率のみを推し進める判断とならないよう日常の仕事に取り組んでおります。

　また，自分自身については，家庭と仕事を同じぐらいの重みでとらえ，両方において生き甲斐がもてるよう努めております」。

　また石原氏自身の「家庭人」としての実践に関しては次のように述べている。
　「私自身が仕事と家庭両方において生き生きと生きるために，特に家庭の中でどのようなことを実践しているかをお話しします。
　1）毎朝，帰宅時間の予定を妻に話す。
　2）毎夜，帰宅前に何時に帰るか電話をする。
　3）週5日のうち少なくとも2日，出来ればそれ以上家で夕食をとる。（付き合いを断ることも必要）
　4）できるだけ家族全員で夕食をとる。
　5）できるだけ夕食の後片付けをする。
　6）毎夜，子どもの勉強をみる。
　7）休日は洗濯，掃除，食事を分担する。
　8）休日はスーパーでおかずの買い物をする。

9）できるだけ家族で外食をする。

10）休日出勤はできるだけしない。

では，このような考えを実践することによって，果たして企業の人事課長としての責務を 100 パーセント全うできるのだろうか，会社人として，適応しているのだろうか，仕事をサボっていないだろうかと疑う人がいると思いますが，その辺の葛藤を私は次のように解決しています。

1）仕事にメリハリをつける。やる時は，夜遅くまでも，集中してやる。そうでない時は，早く帰る。何となく会社に残っていない。

2）仕事は切りがなくたくさんある。適当なところで切り上げる。

3）部下にまかせる。

4）やらなくても何とかなる仕事もある。

5）無理をして体をこわしたらかえって効率が悪い。

その結果，私の家庭がうまく運営されているかどうかは後述するとしまして，私はまず家庭生活を楽しく，気持ち良く過ごしたい。その結果，スッキリした気持ちで仕事に取り組みたい。そして，仕事で成果を上げ，収入も増やし家族へ還元したい……という良いサイクルをまわしたいと思うのです。

石原氏自身の「家庭と仕事を同じぐらいの重みでとらえ，両方において生き甲斐がもてるよう努めている」という発言は，まさに先に述べた多元的な生を主体的に生きようとする試みにほかならない。また石原氏が共鳴する素野 3 代目社長の経営哲学は，仕事人間や父親不在の家庭をもたらす病める我が国の企業および企業人にとって学ぶべき点が多いように思われる。

石原氏は講演の後半で，こうした試みを実践していくことの難しさにも触れているが，こうした試みを通じて，直面するさまざまな問題を家族や職場の仲間と共に克服しようと努力していくことが，「ハイテク時代（ＩＴ時代）」に生きる我々現代人に求められよう。

今後，さらにこうした事例研究を積み重ねていくと共に，ソシオーゼ克服のためのアプローチを模索していく所存である。

本章では父親不在の問題を考察したが，次章では父親不在の家庭で子育てに孤軍奮闘する母親の問題を考察したい。

〈注〉

1) 本章は日本心理学会第 54 回大会における個人発表の内容（小川, 1990 年 c）をベースに，その後に展開された研究の成果を加味し，新たに執筆したものである。

2) ヴァン・デン・ベルク（1956 年）はノイローゼを「解剖学的障害でも生理学的障害でもなく，コミュニケーションの，あるいは社会因的な障害」であるとし，ソシオーゼ（社会症）と呼ぶことを提唱している。

3) 筆者が登校拒否文化医学研究所（高橋良臣主宰）のカウンセラーとして実際に関わった心理臨床の事例である。クライエントのプライバシーを保護するため，大筋から逸脱しない範囲において修正を加えてある。

4) レヴィン（Lewin, K.）は生活体の表面に表れて観察できる性質をフェノタイプ Phnotypus（現象型又は顕型）と呼び，その背後にある現象を発生させるゲノタイプ Genotype（元型）とを区別した（宮城音弥編『岩波心理学小辞典』）。

5) 例えば，高橋良臣（1987 年），滝口俊子（1981 年）など参照。

6) 須田耕輔（1989 年）「単身赴任 15 年間における家族の絆」［第 26 回立教大学社会福祉研究所公開セミナー資料集］参照。

7) 家庭における父親不在，父性欠如は，登校拒否，家庭内暴力（若林・本城, 1987 年）などの問題をもたらす傾向にあると言われている。

8) 日本ＩＰＲ研究会主催の人間関係のトレイニング（Ｔグループ）。

9) 家族のあり方は，近隣，学校，企業など，家族を取り巻くさまざまな社会的機関に影響を受けており，そのため家族を，その環境との相互関係の中でとらえるという「生態学的視点」（佐藤, 1988 年）が必要である。立教大学社会福祉研究所公開セミナー「家族の生態学」シリーズは，そうした視点からの取り組みをめざすものである。

〈参考文献〉

石原正雄「企業の人事担当として感じた家庭と仕事のはざま」（『第 28 回立教大学社会福祉研究所公開セミナー資料集』, 同研究所 , 1990 年）

佐藤悦子「家族臨床と認識論－家族福祉試論（3）」（『立教社会福祉研究』10 号, 立教大学社会福祉研究所, 1988 年）

芝　浩「職場と家庭」（立教大学社会福祉研究所モノグラフ, 2 号『対人関係としての親子関係』, 立教大学社会福祉研究所, 1989 年）

滝口俊子「登校拒否の精神病理」（『教育心理』29 巻 5 号，日本文化科学社，1981 年）

若林慎一郎・本城秀次『家庭内暴力』，金剛出版，1987 年

8章 ソシオーゼとしての家庭児童問題
（子育てに苦悩する母親の病理とその克服）
──苦悩する母親への支援と地域における子育ての再考──

1. はじめに

　近年，幼児虐待，家庭内暴力，登校拒否などの家庭児童問題の増加，深刻化，ならびに神戸の「酒鬼薔薇聖斗」事件，文京区音羽の春奈ちゃん（「お受験」）殺人事件をはじめとする，いわゆる"一見普通の"青少年や主婦の凶悪犯罪の増加は目に余るものがある。

　これまで筆者は，オランダの精神科医ヴァン・デン・ベルク，J. H.（1954年）および心理学者早坂泰次郎（1991年）らが提唱する，現象学的アプローチを基礎とする個人カウンセリング（登校拒否などの家庭児童相談, 学生相談），Tグループなどの心理臨床活動に携わってきた。

　それらの活動を通じて，親離れ子離れができない親子，人間として未成熟なまま親になってしまった父母たち，親や教師に一度も叱られたことや挫折体験もない青少年，心の痛みや感謝の気持ちも感じることのできない人々などが急増していることを痛感してきた。

　中でも，地域から孤立し，いわば密室の中で子育てに孤軍奮闘せざるを得ない母親の苦悩や対人不安，神経症的行動傾向などの病理現象は母親個人だけの問題ではなく，深刻な根深い社会問題（"ソシオーゼ"[1]）である。

　そこで本章では，拙著「ハイテク時代のソシオーゼ」（1991年）および「登校拒否児の母親の対人不安とその克服」（1996年）の続編として，単身赴任，離婚，仕事中毒で「父親不在」[2]の家庭において子育てに孤軍奮闘する，登校拒否児の母親を支援したカウンセリング事例，地域での子育ての実践事例などの考察を通じて，これらの問題の根本的な要因と克服の方策を検討していきたい。

2．子育てに苦悩する母親の病理（現代社会のソシオーゼ）

（1）母親だけに偏りがちな子育ての重責

　近年，離婚，単身赴任など物理的な父親不在のみならず，子育てに無関心で母親任せにしてしまう仕事中毒の父親など，母親や子どもにとって頼りにならない存在感の希薄な「父親不在」の家庭において，地域から孤立し，密室の中で子育てに孤軍奮闘せざるを得ない母親の苦悩や対人不安，神経症的行動傾向の増加，深刻化は想像を絶するものがある。

　1999 年 11 月下旬に発生した東京都文京区音羽の「春奈ちゃん（2 歳）殺人事件（「お受験」殺人事件）」は，地域から孤立し，家庭や母親同士の閉鎖的集団の中で，子育てや母親同士の付き合いに孤軍奮闘し苦悩する母親の心の葛藤や対人関係の病理を象徴するセンセーショナルな事件として記憶に新しい。

　逮捕された Y 容疑者（35 歳，専業主婦）は，事件直後被害者の母親 W（お互いの長男（5 歳）が通園する幼稚園の保護者同士）との関係を「心のぶつかりあいがあった」と供述しており（「朝日新聞」1999 年 12 月 6 日），その後の供述内容によれば，「心を許せる唯一の友だち」だった春奈ちゃんの母親から疎外されたと勘違いしたことが殺害のきっかけだったようだと報じられている（「週刊文春」2000 年 2 月 10 日）。また，Y の夫についての「僧侶でありながら，一番身近にいる妻の苦しみに気づいてやれなかった。これでは宗教者として失格です」（同）という元上司の発言から，子育ての重責を結果的に妻だけに負わせてしまった Y の夫の問題，夫婦関係，家族関係の問題も浮き彫りにされてくる。

　この事件そのものの詳細やその背景は，今後の裁判の経過を待って別途明らかにするとして，本章では事件直後の新聞報道に対する読者の反響がかなりあり（30 代の専業主婦が約 7 割），事件をひとごととは思えなかった母親たちの発言に着目したい。

　「"私たちの子育ては，とうとうここまで来てしまった"と本当に胸が張り裂けそうだ」（K，32 歳），「震えながらもニュースにくぎ付けになっているのは，"子どもで自己実現をしたい""社交ベタ"な自分の弱さを突き付けられている

から」（F，36歳），「"あ，6年前の私だ"と思わず叫んでしまいました」（K，41歳），「ひとつ歯車が違えば，私も加害者になっていたでしょう」（M，30歳）（「母親たちの叫び」―「朝日新聞」1999年12月1日，2日）。

　これらの母親達の発言は，Yのみならず多くの母親が子育てのつらさ，人間関係の難しさ，子育ての重責が母親だけに押しつけられている息苦しさを訴えているように思われる。これらの訴えは筆者がこれまで関わってきた登校拒否，家庭内暴力などの家庭児童問題や対人関係の問題をかかえ苦悩する母親たちの訴えと共通するものがある。

　この事件そのものは決して許されない犯罪であるが，さまざまな家庭児童問題と同様，問題を発生させてしまった母親Y個人だけが悪者なのでは決してなく，Yを精神的に追い込んで孤立させてしまった，少子化，核家族化，情報化，都市化の影響が顕著な，学歴至上主義が蔓延する現代社会，学校，幼稚園，地域が抱える問題であり，Yを支えられなかった夫，家族，友人，地域の人々らの問題，対人関係の病理の問題でもあろう。

　いみじくもオランダの精神科医ヴァン・デン・ベルク（1956年）が，神経症の病因は病んだ社会にあるとして，ノイローゼの代わりに「ソシオーゼ（Soziosen）」という概念（8章参照）を提唱しているが，本問題はまさに「現代社会のソシオーゼ」ということができよう。本章では登校拒否児とその家族の心理臨床の事例等を通じ，現象学的臨床社会心理学の立場から「現代社会のソシオーゼ」として本問題を考察してゆきたい。

3．ソシオーゼとしての家庭児童問題を考える
　　（カウンセリング事例を通じて）

　現代の母親に比べると，昔の母親は，ヴァン・デン・ベルクも述べているように「たくさんの心配事，悩み，仕事を抱え，子どものために多くの時間を裂くことができなかった」（1972年）にも関わらず，家族，地域の連帯，共同体に支えられ，生活習慣の安定した小集団のなかで健全な子育てを行うことができていたように思われる。一方，現代社会においては科学技術の発達などにより，母親の家事労働は軽減され，子どものために多くの時間を裂くことがで

きるようになったにも関わらず，かえってそれが過保護[3]，過期待，過干渉などの母子癒着傾向を助長したり，子育ての重責が押しつけられ孤軍奮闘せざるを得ない状況に母親を精神的に追い込んでしまったり，幼児虐待，登校拒否，家庭内暴力などさまざまな家庭児童問題を発生させてしまう皮肉な結果となってしまっている。

それらの問題の背景（ゲノタイプ）としては，少子化，核家族化，情報化，都市化の影響が顕著な，学歴至上主義が蔓延する現代社会，学校，幼稚園，相互支援機能，子育て機能が低下してしまった家庭，地域社会が抱える問題であり，また妻（母）を支えられない夫（父親不在），家族，友人，地域の人々などのあり方の問題，希薄な対人関係の問題などが考えられよう[4]。

そこで，かつて筆者がカウンセラーとして関わった登校拒否児の母親とのカウンセリングの3つの事例[5]を通じて，ソシオーゼとしての家庭児童問題に苦悩する母親の支援について考察していきたい。

〈事例1〉 単身赴任の父親の家庭復帰と母親Tの学歴至上主義からの解放

長男のJ（15歳）が高校1年の5月下旬，母親T（42歳）がJの登校拒否問題を抱えて来談した。父親はJが中学1年から香港に単身赴任しており，母親一人で対応に苦慮しているとのこと。Jが高校入学直後（4月中旬）から休みがちとなり，5月の連休明けから欠席している。4月中旬までは「面白くない」，「宿題が多くて大変だ」，「部活（テニス部）の練習が厳しく勉強と両立できそうもない」などと言いながら何とか登校していたが，4月20日から，朝「気分が悪い」と言って欠席し始めた。朝起こすと「ほっといてくれ」と怒り昼まで寝ており，午後はテレビ，マンガ，TVゲームの生活。香港から父が電話で説得したが，ほとんど効果がなかった。Jは小学校のころから学力優秀でおとなしいいい子だったが，高校受験で第一志望のK大学付属高校の受験に失敗し（初めての挫折体験），首都圏では有名なマンモス受験校の私立X高校に不本意入学した。父親（44歳）はK大学出身のエリートサラリーマン（商社勤務），母親も元高校の音楽の教諭（結婚を期に退職）と学歴が高く，Jを父親と同じK大学に入学させることをめざしていたが，子ども（Jと中学1年の長女の2人）の教育は母親任せで，典型的な父親不在の家庭環境。母親

は非常にきちょうめんで神経質な感じ。とても焦っており，自分の子育てが悪かったのではと自己嫌悪に陥っていた。

　カウンセラーである筆者は「これまで母親一人で大変でしたね。まずは，Ｊを高校に復学させることを第一に考えるのではなく，Ｊの気持ちを理解したり，焦らず時間をかけて取り組んでいくことが大切です。子育てはどの親も第一子は初心者，父親や周囲の人の協力や支えがなければうまくいかなくて当たり前ですよ」とアドバイスし，当面，父親が帰国するまでの約10ヵ月間，母親Ｔを支えながら，Ｊの登校拒否問題だけでなく，その背景にあってＪにプレッシャーを与えている両親の学歴至上主義や親子関係の問題にも，焦点をあててカウンセリングを行っていくことにした。（Ｊ本人の来室も何度か勧めたが，本人の気が進まず実現しなかった。しかし父親とは２回面接した。）

　６月中旬に心配した父親が１週間帰国し，Ｊと過ごしＴを支えたり，Ｔが親の会へ参加し子どもの登校拒否について話し合う仲間ができたり，８月にはＴ，Ｊ，妹の３人で父親のいる香港に旅行に行くなどするうちに，母親Ｔもかなり開き直り，９月中旬の面接ではＪの登校拒否がまだ続いているにもかかわらず，「大分あきらめがつきました。子どもは"元気で明るく"が一番ですね」と話した。しばらく休んでいた仲間とのコーラスグループ活動も再開した（カウンセラーも勧めていた）とのこと。またＪは夏休みに家族旅行に出かけて以来，中学時代の友だちとまた遊ぶようになったり，多少勉強や学校のことを考えるようになり，10月ごろには今後の進路について，時々母親とも（電話で父親とも）話すようになってきた。最終的には，「Ｘ高校には戻る気はないけれど，小規模な特色のある高校か，単位制高校で楽しい高校生活を過ごしたい」というＪの意向をもとに，Ｊ自身が自由な校風の私立Ｙ高校を選択し，翌年２月受験し無事合格した。３月には父親も帰国し，Ｔとの面接も終結した。

　本事例では，父親の単身赴任中に突然発生したＪの登校拒否問題に孤軍奮闘していた母親Ｔが，カウンセラー，親の会の仲間などに支えられながら，Ｔ自身の親子関係や学歴至上主義を問い直す事ができたことが，結果的に父親の家庭復帰，Ｊの登校拒否問題の克服につながったのであろう。「大分あきらめがつきました。子どもは"元気で明るく"が一番ですね」というＴの言葉が過保護，過期待，過干渉の学歴至上主義の母親からの解放を物語っていると言えよう。

〈事例2〉 母子家庭における母親Dの苦悩と心身の健康の回復

　一人息子のH（14歳）が中学2年の6月中旬に母親D（49歳）が来談し，Hの登校拒否（引きこもり）と母親自身の心身の不調（更年期障害とノイローゼ気味で通院中）を訴えた。Hが誕生した半年後，金と女にだらしない夫と離婚。その後，Dが仕事（生命保険会社外交員）に出かけている間，母方の祖母が約13年同居してHの養育を支えるが（過保護で何から何まで世話をしてしまった），もともとDと実母とは折り合いが悪く，Hの不登校問題で関係がさらに悪化し，最近祖母が母の弟夫婦の家へ転居したばかり。現在母一人子一人の生活とのこと。Hが中学1年の9月，始業式の翌日から不登校。当日は朝起きられず腹痛を訴え，「行きたくない」と母親に初めて反抗した（それまでは気持ちの優しいおばあちゃん子であった）。その後数ヵ月は，自室に閉じこもりテレビゲームと共に過ごしたが，最近は近所の特定の友人2人と時々遊ぶようになってきたが，相変わらず人の目が気になり外出できず不登校が続いているとのこと。

　その後母親Dとのカウンセリングを継続し，Dを精神的に支えながら，D自身の心身の健康の回復とD自身が抱える問題の整理をまず第一に考え，Hの不登校問題は時間をかけて取り組むことにした。面接を繰り返すうちに，長女として実家の不幸（弟の非行と父親の自殺）を背負い，実母との愛憎，離婚した夫への恨みなどにより人間不信に陥っていた母親Dにとって，子どもだけは世間並に育てたいという思いが強すぎ，息子Hや担任の教師との関係も悪化させてしまっていたことが徐々に明らかになってきた。母親Dは一人息子のHが登校拒否をしてしまい，世間に対する負い目を強く感じており，何が何でもHを中学校へ復学させたいという気負いが感じられた。

　そこで筆者は「実家の問題からH君の子育てまで，全部Dさん一人にしわ寄せが来てしまって本当に大変でしたね。H君の問題は決してDさんだけの責任ではありません。家族，学校，地域社会の問題でもあります。これからは一人で抱え込まないで，私を含めた多くの人の協力を得ながら，肩の力を抜いて取り組んでいった方がいいですよ。まずはご自身の心身の健康回復と抱えていらっしゃる問題の整理が先決ですね」とDを支えながら，「当面はHと料理を一

緒に作ったり，旅行に行ったり家庭生活を楽しむ努力をしてみてはどうですか」とアドバイスした。

　インテーク面接から約１年間，息子Ｈが引きこもり状態を脱しカウンセリングルームに来談できるようになるまで母親Ｄとの面接を繰り返し，母親自身の気持ちや抱えている問題はかなり整理ができ，完璧主義的な神経症的行動傾向も大分弱まり，人間不信も払拭されてきた。そこでＤとの面接を一段落させ，その後約３年半の間，息子Ｈとのカウンセリングに切り替え面接を継続した。（母親とは手紙により年数回程度連絡を取りあった。）Ｈは中学３年の秋から週１〜２回フリースクールへの通学ができるようになり，担任の先生の理解と協力もあって何とか無事中学を卒業することができた。その後，通信制の高校に進学し努力したが，学習の意欲がなかなか沸いてこず，留年を繰り返し中退してしまった。しかし仕事の方は中学卒業後間もなく，Ｈの友人の父親（Ｄも懇意にしていた）の計らいで地元の建具屋に見習いで就職し，地道な努力を重ね，見事に社会的自立を果たした。その間筆者は，カウンセラーとして，ある時は父親か兄貴の役割を果たしながらＨを支援した。Ｈの成長と共に母親Ｄも精神的に大分安定し，仕事や家庭生活を味わう余裕が出て，Ｈとの親離れ子離れの準備ができつつある。

　本事例では，孤軍奮闘していた母親Ｄの他者との関わり方が，カウンセラーや地域人々に支えられながら，息子Ｈとの母子関係だけに生きる（"親−子内存在"[6]）のでなく，母子関係にも生きる（"世界内存在"[7]）ように，変容していったことが，Ｄ自身やＨの問題の克服につながったのであろう。祖母の過保護と，良い母親であろうとするＤの思いが強すぎ，Ｈの成長を疎外したり，Ｈの気持ちが理解できなくなってしまっていたのであろう。

〈事例３〉　仕事人間だった父親の変容と母親Ｒの密室育児（家庭内暴力）からの解放

　Ｒ（40歳）の家族が抱えていた長男Ｇ（13歳）の家庭内暴力，登校拒否という問題は，密室化したＲの家庭，ＲとＧの親子関係において発生した問題であり，まさに典型的な閉鎖的グループもしくは対人関係の病理と見ることができよう。

子どもの教育を母親任せにし，仕事人間で酒乱気味の父親Ｅ，育児不安，夫婦関係，嫁姑関係，実家の両親との親子関係などの悩みを抱えながら，Ｅの支えが得られず孤軍奮闘していた母親Ｒ，登校拒否状態にあり，母親や父親に自分の気持ちをしっかりと受け止めてもらえず暴力でしか自己表現できなかったＧの家族は，地域から孤立した閉鎖的グループを構成し，密室の中で悪循環に陥ってしまっていた。中でも母親Ｒの子育てに対する苦悩と対人関係の病理と神経症的行動傾向は，当初並大抵のものではなかったように思われる。

その悪循環を断ち切り，閉鎖的な家族関係から地域社会へ開かれた関係へと変容していくきっかけとなったのは，たまりかねた父親Ｅがカウンセリングルームへ来室したことである。Ｅの来談をきっかけとして，約３年にわたり主にＲとのカウンセリングを行ったが，当初は子育て（親子関係）や夫婦関係などの悩みを相談できる家族，友人や仲間にも恵まれず，一人でＧの暴力や登校拒否問題に苦しんでいた。しかし，筆者とのカウンセリングを通じＲの生きる世界，対人関係が親の会への参加，パート勤務を始めるなど開かれたものへと徐々に変容を遂げ（父親Ｅもかなり協力的になり），Ｒの神経症的行動傾向も徐々に影を潜めていったのである。

子育てに苦悩し，孤軍奮闘している母親にとって良き相談相手，協力者，仲間（またはグループ）の存在が，対人関係の病理や悩みの克服に不可欠であることが理解できよう。

４．深刻化する家庭児童問題（ソシオーゼ）の克服を考える

３節のカウンセリング事例に加え，ここではある２人の母親の新聞投稿記事や，筆者自身の地域の中での子育て体験などの考察を通じ，子育てに苦悩する母親の支援，家庭児童問題の克服，子どもの健全育成，親の成長などをめざすための留意点や方策を明らかにしていきたいと思う。

（１）親子関係（関わり）の中での気づきの重要性（自浄能力の向上）

幼児虐待にエスカレートせずに済んだ母子関係の事例をある母親Ａ（43歳）の新聞投稿記事をもとに考えてみよう。

「5歳のとき，父の暴力が原因で両親が離婚し，父のもとで育てられました。愛情のない家庭で育った父は，しつけと称して私を毎日，なぐり，けりました。

私は子ども心に「殺してやる」とか「自殺したい」とか考えるようになっていました。それでも，友人や友人のお母さんに支えられて，なんとか生きてきました。

16歳でやっと父のもとから逃げ出し，17歳で結婚，19歳で離婚，21歳で再婚，22歳で出産，24歳でまた離婚。娘と2人だけの生活になり，仕事に没頭しました。

しかし，仕事のイライラや疲れを子どもにぶつけるようになっていったのです。私も父親と同様，しつけと称して子どもをなぐるようになっていました。

ある時，娘をなぐりそこなって手を壁にぶつけてしまいました。その時，娘が私の手を握り，「お母さん，おてて，痛い痛いね」と言いながら一生懸命さすってくれたのです。

私はその時，やっと「人」に戻りました。娘は子どもと動物が大好きな穏やかな人間に成長し，今年で21歳になりました。私は娘に育てられたと思っています。

親が，大人が正しく，偉いという考えは間違っています。子どもにとって，しつけという名の体罰は，ただの暴力なのです」（「朝日新聞」1999年11月23日）。

この母親Aのように子どもの一言にはっとさせられ，「人」として大切なことを気づくことができたのは，この親子にとって誠に幸いであった。母親Aに娘の言葉を感じ取る感性がかろうじて備わっていた（聴く耳をもっていた）ことが功を奏したと言ってもいいであろう。もし娘の言葉が耳に入らないか，頭で分かっても身にこたえなければ，悪循環に陥って悲劇的な幼児虐待へとエスカレートした可能性が十分考えられると思う。親にとって育児はまさに“育自”である。

“しつけ”という名の暴力を子どもにふるう親は，正当化しているため，痛みを感じないし，何らかのきっかけがない限り，自分自身が間違っていることや子どもの気持ちを自分だけで気づくことは決してできないであろう。「自分のことは自分が一番よく分かっている」というのは思い込みに過ぎないのであ

る[8]。また，悪いことだと分かっちゃいるけどやめられない（強迫神経症的行動傾向の）親の場合も，頭で分かってはいるが，身にこたえていない（身体で分かっていない）ので暴力を止められないのであろう。

　いずれの場合も，親と子どもの対人関係の中で自分の過ちに気づくこと（自己覚知）ができなければ，過ちは気づかれぬまま悪化の一途をたどらざるを得ないし，暴君（暴力をふるう生物学的な親）から真の人間の親として成長することもできないであろう。母親Aの場合，娘の愛情あふれる言動が身にこたえ，しつけという名の暴力に気づくこと（自己覚知）ができ，暴君からやっと「人」（人間の親）に戻ることができたのである。初めから完璧な親はいないのであって，子育てを通じてさまざまなことに気づきながら（自己覚知をたび重ねながら）母親Aのように成長していくことが可能になるのであろう。

　しかしながら，Aの様に母親ひとりだけで（閉ざされた母子関係の中だけで）孤軍奮闘して子どもを育てたり（「密室育児」），人間の親に成長していくことはなかなか難しいのは言うまでもない。育児に苦悩する母親にとって，夫（父親），祖父母（母親の両親，義父，義母），近隣の人々（近所のおじさん，おばさん）などの支援，助言，苦言などが，（あるいはカウンセラーなどの専門家の援助が），不可欠と言っていいであろう。

（2）地域（隣人関係）の支援の下での子育て

　そこで，ある主婦B（51歳）の体験談（新聞の投稿記事）を通じて考えてみよう。

　「息子は今年から社会人となりました。子育ては，子どもを自立させることだと分かっていますが，寂しさを味わっています。今となれば，あの時こうしてやれば良かったという後悔もしきりです。

　子どもがまだ小学生のころ，珍しく雪がたくさん降りました。息子は大喜びで遊びに出かけ，日が暮れても帰ってきません。心配，不安，イライラが募るころ，インターホーンが鳴りました。

　安堵感が怒りに変わり，大声で叱りつけました。その時，下の階の奥さんが，私の声を聞きつけて，「子どもが震えているじゃない。叱るより，温かいおふろに入れてあげる方が先でしょう」と言ってくれたのです。

本当は「楽しくてよかったね。でも心配したわよ」と抱きしめてやればよかった。感情だけで叱ってしまったことに後悔し，下の奥さんに感謝しました。

子育て中はまだまだ未熟です。地域の中で私自身も育ててもらえたことを，ありがたく思い出すこのごろです」(「朝日新聞」1999年11月23日)。

一昔前は日常ごくあたりまえに地域社会で見受けられた光景であるが，他人の育児に口出しすれば，「余計なお世話」と言われかねない現代社会においては，未熟な母親Bが下の階の奥さんの勇気ある助言によって成長することができたという体験は，Bさん親子にとってまことに貴重なものである。「子どもが震えているじゃない」という下の奥さんの言葉が，寒さで震えている目の前の息子のことを気づき得なかった母親Bの目を覚まさせたと言ってもいいであろう。Bも他人の助言に耳を傾ける謙虚な態度で助言を受け入れる姿勢があったことも幸いした。それまでの両者の近所付き合い(対人関係)がこうした関わりの基盤となっているのであろう。

ヴァン・デン・ベルクがその著書『疑わしき母性愛』(1972年)の中で「母子関係とは排他的なものであって，その間にだれも割り込めない。ということは，もし母親が悪い母親であれば，その子どもにとってきわめて不利だということである。しかし例えば，隣の女性とか，近所の年長の女の子など他の人々によって，われわれの習慣がその子に教育されるというのであれば，子どもは利益を得るであろう。そうした人々は母親の悪影響を弱めるだろうし，たぶん消してさえくれよう。たとえ母親が，きわめて良い母親であるとしても，その子の教育に男女を問わず他の人々が参与することで，子どもは利益を得るのである。というのも，どんな良い母親でさえそれほどすばらしいわけではないのであって，それぞれわずかなりとも偏っているものであるから。母子関係が排他的であることの結果は，その関係があまりにも偏狭なものになっていくのを誰も防げない」と，排他的母子関係の問題点と対応策を論じているが，密室育児に陥りがちな現代社会に生きる母親と父親にとって極めて示唆に富む指摘といえよう。

子どもにとっての発達課題である二者関係(排他的母子関係)から三者関係への体験学習[9]のためには，父親(あるいは，それに代わる他者)の存在(役割)が極めて重要であり，父親の家庭復帰が望まれる。また未熟な若い父母に

とって，祖父母や近隣の人々らのスーパーバイザー（核家族の場合それに代わる専門家や近隣の先輩たち）や相談相手の協力があってこそバランスの取れた子育てが実現できるのではないだろうか。祖父母がスーパーバイザーではなく余計なおせっかい（かえって悪影響を及ぼすこともある）をしてしまうこともあるが（父母が祖父母の介入をある程度調整することも必要である），多数の人々が子育てに関われば，善悪が相殺されるであろう。そもそも完璧な親はいないので，不完全な一組の父親と母親だけで自分たちの子どもを育てるのではなく（子どもは親の所有物でもペットでもない），他の父母や家族，地域の人々と相互補完的な協力関係の下で子どもを育てる，地域での子育てを見直す必要があろう。

（3）地域のグループにおける子育て（"共育"）の実践

① 地域のクラブスポーツ（少年野球）チームにおける"共育"

そこで，筆者も関わった地域のクラブスポーツ（少年野球）チームにおける"共育"の事例を通じて考えてみよう。地域の少年野球チームは青少年の健全育成に理解のある監督，コーチ，少年たちの父親，母親のボランティア活動によってその運営が支えられている。

当初甘えん坊だった主将のY君，気の弱い優しい副主将K君らの少年たちが，チームメイトの子ども同士で苦楽を共にし切磋琢磨するだけでなく，厳しい監督，コーチや父親，甘い父親，こわい母親，優しい母親らのさまざまな大人たちとの関わりの中（父性と母性のバランスの中）で，心身や感性の鍛練，対人関係の体験学習をすることができ，人の気持ちが良く分かる逞しい少年たちに成長を遂げることができたのである。また同時に母親の密室育児からの脱皮や地域，家庭への父親復帰が促進されると共に，不完全な一組の父親と母親だけで自分たちの子どもを育てるのではなく，他の父母や家族，地域の人々と相互補完的（自身に欠けた資質を補い合う）な協力関係の下で子どもを育てることが実践できたと言えよう。

② 自主的共同保育グループの実践

次に，かつて我が家も関わった近隣の自主的共同保育グループ（セルフヘルプグループ）の事例を見てみよう。近隣の5名の母親のグループで（子ども

が1～4歳くらいまでの間）お互いの子どもの預かりっこをした自然発生的な試みである。月曜日から金曜日までの5日間，5名の母親が交替で週1日お互いの子どもの預かりっこをしたり，5家庭合同でピクニックをするなどの共同育児を実践した。その実践を通じ知らず知らずの間に，母親同士が人の振り見て我が振り直せ（子どもは親の鏡）の精神で相互研鑽したり，育児の悩みを共有し，相互支援することができた。また，それぞれの母親が空いた時間（週4日）に母親独自の世界をもつことができ（母親以外の一女性として生活をエンジョイし，リフレッシュでき），精神的余裕がでてきた。そのため，各母親が肉体的にも精神的にも極めて大変な子育てを心から楽しむことができたのである。まさに母親一人ひとりにとって"つながりとあいだ"[6]の実践であり，母子癒着（"親－子内存在"）からの解放と言えよう。

このように，「密室育児」問題の克服にあたっては，全国各地で実践されている母子保健事業，子育てに苦悩する母親の支援体制の整備や自助グループ活動の促進など，地域で子どもを育てる活動や親教育の推進が急務であろう。

5. 現代社会における親教育の必要性

これまで述べてきたように，「密室育児」すなわち自閉的対人関係，地域から孤立した「父親不在」の家庭においては，子どもの健全育成も親の成長も困難である。子どもを愛せない，可愛く感じられない，子どもの気持ちが分からない，痛みが感じられない，子どもをペット化，私有物化してしまう，自己実現，ストレス解消の手段としてしまうなど，子どもの成長を共に喜んだり，育児を楽しめない未熟な若い母親や父親にとって，親教育や相互研鑽の場が必要であるが，現在保健所などで行われている出産や育児不安を解消するための親教育だけでは不十分である。

地域に開かれた家庭を築く資質や豊かな感性（他者に開かれた sensitivity）の涵養，対人関係（「ほんとうの人間関係」（早坂，1979年），対人コミュニケーションの体験学習，親子や夫婦の"愛の習練"（フロム，E.，1956年）など，人間の親としての基本，子育ての方法論を身につけるための親教育の実践が何らかの形で求められよう。例えば，筆者もこれまで関わってきたIPR

トレイニング[10]や立教大学社会福祉研究所公開セミナー（「親子関係の病理」シリーズ[11]）などは，まさにこうした取り組みをめざすものである。また近年，家族療法，夫婦療法（佐藤，1999年）など家族内コミュニケーション（佐藤，1986年）の回復，家族関係や家族の機能回復（斎藤，1999年）を図る取り組みも盛んになってきており，今後，家庭，学校，地域，職場（企業）ぐるみで，こうした親教育や，地域での子育て活動の推進，苦悩する母親の支援，父親の家庭復帰の促進（企業人の理解も必要）をはじめ，さまざまな家庭児童問題の克服の方策を早急に模索していく必要があろう。

6．おわりに

これまで，本章においては，現代社会における家庭児童問題（ソシオーゼ）の問題を筆者のカウンセリングの事例，地域の中での子育て体験および，ある2人の母親の新聞投稿記事の考察などを通じて，問題の背景ならびに母親の密室育児からの解放，地域における子育ての実践など家庭児童問題の克服の方策を論じてきた。今後さらに，事例研究，方法論研究を継続していきたいと思っている。

〈注〉

1）「父親不在」の問題については，ミッチャーリヒ（1963 年）および 8 章参照

2）ヴァン・デン・ベルク（1956 年）は，ノイローゼを「解剖学的障害でも生理学的障害でもなく，コミュニケーションの，あるいは社会因的な障害」であるとし，ソシオーゼ（社会症）と呼ぶことを提唱している。

3）ヴァン・デン・ベルク（1972 年）は，ボウルビィ（1979 年）らの母子関係理論やホスピタリズムの強調が子どもを過保護にしたと批判し，母親の愛情不足より愛情過多や大人の世界の両極性の方が神経症を生む要素になり得ると主張している。

4）レヴィン（Lewin, K.）は，生活体の表面に表れて観察できる性質をフェノタイプ Phanotypus（現象型または顕型）と呼び，その背後にある現象を発生させるゲノタイプ Genotype（元型）とを区別した（宮城音弥編『岩波心理学小辞典』）。
家庭児童問題の背景（ゲノタイプ）を，本人の問題，学校の問題，家族（関係）の問題，地域および現代社会の問題の 4 つの視点で筆者なりに整理しておきたい（参考資料 3 参照）。

5）これらの事例は，かつて筆者が登校拒否文化医学研究所相談室（高橋良臣主宰）の非常勤カウンセラーとして約 10 年間にわたり関わったさまざまなケースの中から選んだ事例である。クライエントのプライバシーを保護するため，大筋から逸脱しない範囲で修正を加えてある。

6）早坂泰次郎『人間関係の心理学』，1979 年参照。

7）ハイデガー，Ｍ．『存在と時間』1927 年参照。

8）小川憲治「人間関係学としての現象学」（早坂泰次郎編著『〈関係性〉の人間学』川島書店，1994 年所収）参照。

9）精神分析学派では "エディプスコンプレックス" と呼ばれている。

10）日本ＩＰＲ研究会（代表早坂泰次郎）主催の対人関係のトレイニング（Ｔグループ）－早坂（1979 年）参照。

11）立教大学社会福祉福祉研究所編『対人関係としての親子関係』（同研究所モノグラフ NO.2，1989 年）参照。

〈参考資料3〉
家庭児童問題の背景

〈1〉本人（個人）の問題

①　家庭児童問題を抱える家庭の親（父親不在のケースが多く，主に母親）の特徴としては，人間としての親になりきれない（養育，躾などがきちんとできない）未熟な親，過保護，過期待，過干渉，子どもの気持ちが分からない親，子どもの愛し方が分からない親，親の都合や期待を子どもに押しつける親，子離れできない親，子どもが自己実現の手段か社会進出の障害物としか感じられない親，子育て以外の事に関心が向けられなくなってしまっている親，親自身が親から虐待を受けて育ったり，実家の重荷や心的外傷を背負っている親など。

②　次に登校拒否，家庭内暴力などの問題を抱える子ども（児童，青少年）に見受けられがちな特徴としては，無気力，無感動，無関心，いい子，喧嘩できない，叱られたことがない，他者の気持ちが感じ取れない一方，傷つきやすい，感謝の気持ちが希薄，挨拶ができない，生命の軽視，対人関係のまずさと対人不安，挫折体験不足，集団生活が苦手（楽しめない），心身の鍛練不足，耐性（忍耐力）虚弱などがあげられる。

③　また現代社会に生きる人々の一般的な特徴としては，感性の鈍麻，実体験（社会経験）不足，幼児性（自己中心的，短絡的，攻撃的），対人関係の拙さ，バランス感覚の欠如，生きがいの喪失，実存的フラストレーション，人生哲学の欠如などがあげられる。

〈2〉学校の問題

　登校拒否，いじめ，学級崩壊などの問題の背景には，管理教育，知育偏重，偏差値偏重，課外活動の形骸化，受験競争等の問題があり，子どもたちの精神的ストレスを高め，多様な子どもたちを受け入れ難い（包容力不足）状況にある。また教師の登校拒否問題などへの理解は大分深まりつつあるが，いまだ十分とは言い難く，また対応の力量も一部の教員を除いて不十分（経験不足，頭でっかち，生徒の気持ち（痛み，苦しみなど）が分からない）と言わざるを得ない。スクールカウンセラーとの連携，社会性，人間性，感性，主体性教育，個性の尊重などの全人的教育の尊重が今後の課題と言えよう。

〈3〉家庭，家族関係の問題

　近年，核家族化，少子化が著しい状況の中で，地域社会から孤立したり，完全に孤立しているわけではないが，近隣の人々とは表面的な波風立てない，いわゆる「よい人間関係」（早坂，1979年）としてしか関わろうとしない傾向が見受けらる。夫婦関係，親子関係においても同様の関わりしかできない母親，父親が多くなり，密室（閉鎖性，排他性）の中での育児を余儀なくされている苦悩する孤独な母親，妻（母）を支えられない夫（父親不在）が多くなってきているように思われる。また父親の権威失墜，仕事中毒，単身赴任，離婚などによる父親不在，母子癒着，過保護，子育て機能の低下，相互ケア（支援）機能の弱体化，家族の絆の弱体化が著しい。また，家族の入院，老親の介護問題，経済問題などと重なって問題が複合化し，深刻化している場合もかなりある。

〈4〉地域，社会の問題

　少子化，核家族化，高齢化，国際化，情報化，都市化の影響が顕著な，学歴至上主義が蔓延する現代社会においては，物質的な豊かさと精神の貧困，新興宗教の隆盛，閉鎖的グループの病理（自浄能力の欠如），「恥の文化」の終焉（モラルの低下），成果主義，拝金主義，ブランド指向，横並び主義，企業におけるリストラ，女性の職場進出，ライフスタイルの変化，価値観の多様化などの特徴が見受けられる。また一人遊びの道具（ＴＶゲーム，ＶＴＲ，パソコン）の普及，地域のガキ大将グループの消滅など子どもたちの遊びの変化，相互支援機能，子育て機能の低下，希薄な対人関係，他者への無関心，人命の軽視などが地域社会の特徴としてあげられよう。

9章 職場の対人関係とメンタルヘルス
──企業におけるカウンセリングの事例を通じて──

1. はじめに

　ＩＴ時代の到来を迎え，この20年間の職場や家庭におけるインターネット，電子メール，携帯電話などの普及など，職場環境や生活環境の変化は著しいものがある。

　筆者はこれまで約30年間，「コンピュータ技術者のテクノストレス」[1] や「ＩＴ時代に生きる人々の対人関係とメンタルヘルス」[2] に関する研究と心理臨床活動に携わってきた。またこの約25年間，臨床心理士（カウンセラー）として，大学の学生相談だけでなく，社会的活動の一環として，企業におけるインタビュー調査，メンタルヘルス・カウンセリング，社会福祉や医療現場におけるインタビュー調査，看護師長の管理者研修などに携わってきた。その間に痛感してきた職場の対人関係とメンタルヘルスの諸問題を現象学的人間関係学および臨床社会心理学の立場から論じていきたい。

2. 職場の対人関係の病理と職員のメンタルヘルス

　近年，企業，公官庁，医療法人，社会福祉法人などの職場で，出社拒否症，神経症，うつ病などの心の病を抱える職員や過労自殺などが増加傾向にあり，メンタルヘルス対策が重要課題となっている。[3] そうした傾向は，さまざまな現象学的精神医学，臨床心理学，人間関係学などの先行研究や筆者の心理臨床の事例研究によれば，職場における成果主義，リストラ（restructure）などがもたらすストレスフルな労働環境，いやがらせやいじめ（パワーハラスメント，セクシャルハラスメント）などの人間関係の病理の深刻化，人間関係の希薄化，ＩＴ化に伴う face to face コミュニケーションの減少傾向など職場の対人関係

の問題と決して無関係ではない。

例えば精神科医吉田脩二はその著書『心の病は人間関係の病』（p.16）の中で次のように述べている。

「人間は人間によって傷つき，心の病を得る。しかし同時に人間によってその傷は癒される。従来の日本人はその意味で互いが深く傷つかないように巧みに生きてきたといえるだろう。そのためには他者に対する過剰な配慮や自己犠牲を強いられてもきた。お家のため，お国のためという大義名分の元で日本人は「個」を売り渡してきた。

しかし，戦後のデモクラシーの導入によって，日本人は「個」に目覚めた。いや，「個」に目覚めることを求められた。その結果新しい人間関係のあり方が問われはじめたのだ。動機なき殺人・幼児虐待・覚醒剤や麻薬の侵入といった従来の日本人の感覚では考えられなかったおぞましい問題が次々と起きている。これらは新しい人間関係の挫折としてとらえられねばならないだろう。同様に，不安神経症のみならず，不登校，神経症，それにうつ病の増加はそこから考えるべきではないか。」[4]

またオランダの現象学的精神病理学者ヴァン・デン・ベルクは，同様の問題意識で著書『メタブレティカ ──変化の歴史心理学』（p.277）の中で，これまでフロイト以来個人の精神病理として捉えられてきたノイローゼ（神経症）を，ソシオーゼ（社会症）として捉えなおし，次のように主張している。

「あらゆる神経症の病因はコミュニケーションの，あるいは ─むしろ─ 社会学的な種類のものです。どの神経症病因も個々人にはありません。個々人が神経症になるのは，もっぱら神経症を発症させるような訴えが，複合的な社会から向けられることによるのです。……病気を生み出すのは社会なのです。ですからノイローゼについて語る代わりにコミュニコーゼについて，あるいはむしろ社会症（Soziosen）について語るほうがもっと意味があると思われます。それは，解剖学的障害でも生理学的障害でもなく，コミュニケーションの，あるいは社会因的障害なのです。」[5]

この様に現代社会に生きる人々の職場や家庭における対人関係の病理の背景には，「新しい人間関係の挫折」（吉田），「ソシオーゼ」（ヴァン・デン・ベルク）が根底にあり，誰もが何らかの引き金で出社拒否症，神経症，うつ病などの心

の病を発症してもおかしくない状況にある。

　その上，ＩＴ化の進展や不況によるリストラの波が，成果主義，能力主義の助長，情緒的なコミュニケーションの希薄化，クイックレスポンスの要求など，ストレスフルな職場環境をもたらしてしまっている様に思われる。

　また筆者が長年にわたり実施してきた職場の対人関係とメンタルヘルスに関するインタビュー調査において，最も同情に値するのが，リーダーシップを執ることや自己主張が苦手な，気の小さい一技術者，一ナースなどが課長，看護師長などの中間管理職に昇進したときの苦悩である。数日の新任管理者研修により，もともと拙かった対人関係やグループリーダーの資質が一朝一夕に備わり，管理職の役割を遂行できる可能性はきわめて低いと思われる。そのため，仕事の出来る厳しい上司にはなかなか意見を言えず，無理難題を突きつけられても断れず，また部下にも強いことが言えず，自分だけで仕事を抱え込んでしまい，誰からも支えてもらえず，協力も得られず，孤立しがちな状況に陥ってしまうことが多いように思われる。こうした新米の管理職が職場の対人関係のストレス状態（八方ふさがりな状況）の中で，出社拒否症，アルコール依存症，不安神経症，うつ病などに苛まれてしまうのは時間の問題である。

　そこで本論文では，筆者がかつてカウンセラーとしてかかわった，出社拒否を伴う神経症に苦しんでいた，Ａ社のＢ氏のメンタルヘルス・カウンセリングの事例を通じこの問題を考えてみよう。

　因みに，Ｂ氏が勤務するＡ社（電子機器製造業，従業員約 1,000 名）は，近年の急速なＩＴ化の進展と海外展開，数年前に実施したリストラ（人員削減）などの影響が，従業員のメンタルヘルスの悪化をもたらしているように思われる。Ａ社で行ったインタビュー調査を行った際耳にした従業員の声は以下の通りである。

　1）リストラによる人員削減（以前の約半数）により過重労働を強いられている。

　2）兼務が増えた。（一人で二人分の仕事をやらされている）

　3）退職した社員の仕事を専門が違っても無理やり引き継がされ困っている。（ストレス）

　4）自分も遣い捨てられるのではという不安感がある。

　5）成果主義の影響もあり，精神的余裕がなくなり，自分のことで精一杯である。

そのため同僚とお互いに助け合うことが難しい。

6）職場にねぎらいの言葉がなくなった。

7）1日約200通のメールに目を通さなくてはならない負担感に苛まれている。

3. メンタルヘルス・カウンセリングの事例を通じて
—— A社におけるB氏のカウンセリングの事例——

（1）事例概要
〈クライエント〉　コンピュータシステム開発技術者B氏（初回面接時41歳）

〈主訴〉　出社拒否を伴う神経症，対人不安（上司の目が気になる）

〈家族構成〉　妻，子ども3人（9歳から14歳）

〈来談までの経過〉　2年前に中間管理職（課長）になったが，仕事の出来る厳しい上司（C部長）の視線が気になり，仕事に集中できない，部下のマネージメントに自信が無いなどから，体調不良（ノイローゼ気味）に陥り，社内のE保健師と相談し，心療内科を受診し，自律神経失調症と診断された。

その後安定剤を服用し，上司や部下との対人関係に悩みながらも何とかやってきたが，1年ぐらい前から朝会社の駐車場に来ると動悸が激しくなるなど会社へ向かうのが苦痛となっていた。最近中国への海外出張中に緊張とカルチャーショックにより体調を崩し，帰国後，出社時に動悸，頭痛などがひどく，会社への出勤が困難となった。E保健師の勧めでカウンセリングを行うことになった。

（2）面接過程
〈初回（インテーク面接）〉X年9月上旬

小柄で眼鏡をかけた，気が弱く，人のいい感じの男性の課長であった。覇気が感じられず表情も暗い。中国出張から帰国後，落ち込んでしまい，朝起きられず，出かけようとしても動機や頭痛がひどく会社へ出かけることが出来なくなってしまったとのこと。「仕事の出来る厳しい上司（C部長）の期待に応えられないことが多く，技術面，業務面の知識や他部門との交渉能力など，太刀打ちできない。情報技術については自分より若い人のほうがよく知っていると

きも多い。自分のことで精一杯になってしまい，部下や他部門にうまく指示が出せなかったり，優柔不断になってしまい判断がうまく出来ない。またマネージメント（人を使うこと）に関してもうまく出来ないし，リーダーシップも発揮できないし，自信が無い。行き詰まりを感じ，やめたいけどやめられない」などと力の無い声でこれまでの苦悩を話してくれた。

そうしたＢさんの苦悩を共感しつつ「これまで大変でしたね。体も心も悲鳴を上げちゃったんですね。とにかく無理は禁物ですし，専門医に診てもらい治療に専念し，心身の健康回復を目指すことが大切です」と助言した。Ｅ保健師と相談し，以前通院したことのある心療内科の受診（リファー）と休職を勧める。今後心療内科での治療が進み，ある程度健康状態が回復してきたら，主治医，保健師と連携を図りながら，職場復帰に向けてカウンセリングを再開することにした。

〈2 回〉Ｘ＋1 年 5 月下旬

前年 9 月に心療内科を受診し，精神科医から出社拒否を伴う神経症と診断された。その後自宅療養を続け，薬物療法がほぼ終わりに近づいてきたので，職場復帰のタイミングを模索しているとのこと。主治医の勧めで「リハビリをかねて外出（図書館，レストランなど）したり，日記を書いたりして，生活のリズムを元に戻す努力をしています」と近況を話してくれた。職場復帰については「職場の仲間にどう受け止められるか不安です」と休み明けの職場への行きにくさを語った。また「旅行に行くとき細かく準備をしてそれだけで疲れてしまう（中国出張のときもそうだった）ところがあるが，職場復帰についても同じようにいろいろなパターンを想像して疲れてしまう」「まだ自信が無い」「昔のようにメールを打てないし，家でまだ電話に出られない（電話恐怖）」などと語り，まだ神経症的な不安状態が続いており，職場復帰を模索するのは時期早尚だと感じられた。そこで「職場復帰をあせらず，あと 3 ヵ月くらい通院しながら自宅療養を続けた方がよいと思います。主治医と相談してください」と助言した。

〈3 回〉Ｘ＋1 年 8 月下旬

この 3 ヵ月間で，心身の健康状態が大分回復し，「最近はほとんど毎日，外出し，図書館で本を読んだり，散歩したりしています。主治医の勧めもあり，

この前の日曜日に久しぶりに会社の駐車場まで来ることが出来たので，そろそろ職場復帰に向けて動き出したい。でもまだハードルが高くて一歩が踏み出せないんです」とのこと。「1年くらいかけてゆっくりやって行ったらどうですか。まずは，1週間に3日くらい半日，図書館か社内の個室（E保健師の部屋のとなりの作業室）でパソコンを使った仕事をやってみたらどうですか？」と提案した。またE保健師とも相談の上10月より，毎月職場復帰に向けてのカウンセリングを再開することにした。

〈4回〉X＋1年10月上旬

「会社を休み始めてちょうど1年になります。そろそろ職場復帰に向けてその一歩を踏み出さなくちゃいけませんね」と心境を語った。9月より週3日（中旬からはほぼ毎日），会社の作業部屋（リハビリ用の個室）に来て，午前中，本を読んだり，パソコンを使って社内メールを読んだり保健師と面談したりしているとのこと。「今日職場の先輩のD課長が作業室に来てくれて1年ぶりに話が出来て，（会いたくて，でも迷惑をかけて申し訳なくてずっと会えなくて），やっと会えて嬉しかった。あのときの状態に戻りたくないという気持ちが募りました」と話してくれた。D先輩が「思ったより元気じゃないか。焦ることないぞ。20年間の経験がゼロになるわけじゃないから」と励ましてくれたのでほっとしたとのこと。そこでB氏と職場復帰に向けての課題（下記）を明確化し，「焦らずゆっくりやっていきましょう。応援します」と声をかけ，サポートしていくことにした。

1) 几帳面で要領の悪い完ぺき主義からの脱皮（開き直りといい加減さを身に着ける）
2) 仕事の出来る（マネージメント能力のある）先輩と自分を比べない
3) コミュニケーション能力の向上（「アサーショントレーニング」[6]のすすめ）
4) 出来ないことは「出来ない」（「NO」）とはっきり言えるようになる。
5) あらかじめシナリオをつくらないと行動できない現状からの脱皮（失敗してもいいから，シナリオなしで動けるようになる）

〈5回〉X＋1年11月上旬

相変わらず会社の作業室に来てパソコンを使ってD先輩から頼まれた課題と取り組んでいるが思うように進まないとのこと。2週間前から体調を崩し，眠

りが浅く変な夢を見たり，昔を思い出し「おいていかれたような，むなしい気持ちになってしまう」ことが多かった。そこで「先週の水，木，金は気分転換のため会社を休み自宅の近くの図書館に行った」と話した。「それはいい判断でしたね。無理して会社に来ることはないですから」とＢ氏の判断を支持した。また「これまで頼まれた仕事をこなせず，プライドが邪魔して上司に「ＮＯ」（ホンネ）が言えなかったし，部下に仕事を頼むことや叱ることが苦手だった」，「リーダーシップがとれず管理職が重荷だった」などとＢ氏自身の不得意なところが明らかとなったが，「当面Ｂさんは，得意なこと，無理なく出来る仕事を担当し，今苦手なことや無理なことは職場の仲間に補ってもらいながらやっていけばいい」とその対応策を話し合うことが出来た。そこで「職場復帰前に明確化できてよかったですね。時間をかけて，コミュニケーション能力，判断力，柔軟な行動力の向上を目指していきましょう」とアドバイスした。

〈6回〉Ｘ＋2年1月中旬

　2ヵ月ぶりの面接（12月は日程調整がつかず面接できず）。その後約2ヵ月，ほぼ毎日会社に来ている。12月下旬にＣ部長と新年早々面会する約束をし，1月5日に面会（挨拶程度）できた。案外すんなりと会いに行けた。その後1月10日に1時間ほどＣ部長と面談し，その際，会社のホームページの追加作業を手伝ってほしいと言われた。「引き受けたものの，考え始めると頭がキリキリ痛み，作業はあまり進んでいない。会社の中の出来事に思いをめぐらすとまだまだだなと感じました」と沈んだ表情で話した。「部長と会えただけでもよかったじゃないですか。ハイレベルなものではなく最低限の機能のものを作ることも一案じゃないですか」と問いかけると「独り相撲を取って結果が出せず焦ってたんですね」と応え表情が緩んだ。また「昨日の朝，雪のため車が渋滞して遅くなってしまったので，久しぶりにＤ先輩にメールを送信することが出来た。「了解」と返信がありほっとしました」とのこと。「無理しないで，柔軟な行動が出来てよかったと思いますよ」とアサーティブな言動が出来たことを支持した。

〈7回〉Ｘ＋2年2月中旬

　「最近朝時々職場に顔を出せるようになってきたが，与えられたホームページの作業にはなかなか向かえない。そこで作業室でパソコンでメールのチェッ

クをしたり，カウンセラーから勧められたアサーショントレーニングの本を読んで勉強している」と近況を報告してくれた。また「職場の雰囲気は悪くないが，もしミーティングに参加したらうまくしゃべれないのではと感じてしまう。システム開発の仕事は自信が無く不安です。今の一人部屋の時間の流れと職場のピリピリした時間の流れとのギャップも感じている」と心境を語ってくれた。

　ホームページの作業になかなか向かえないことに関し，「締め切りが決まってないからやる気にならないかもしれないね。やらなきゃならないと頭ではわかっていても身体が動かないのは，病気のせいだからいまは無理しなくていいんじゃないかな。でもシステム開発の仕事を続けるか新しい仕事を希望するか問い直してみる必要がありそうですね」と応答すると「システム開発の仕事に復帰する自信も無いし，新しい仕事も不安です」と身動きの取れない状況であることが明らかとなった。主治医からも「そろそろ腰を上げたら？」と言われており，また毎日会社（作業室）に出てくるという当初の目的はほぼ達成されたので，「自分の身体と気持ちと相談して，2月中に今後のリハビリ計画について，上司とざっくばらんに話し合ってみたらどうですか？」とアドバイスし，次回に9月の休職明けの職場復帰に向けた6ヵ月のリハビリプログラムを一緒に考えることにした。

〈8回〉X＋2年3月上旬
　E保健師がB氏の意向をもとに社内の調整をした結果，9月の復職を目指して，2月22日より職場（システム開発）のデスクで作業（リハビリプログラム）を開始した。毎日9時30ごろ出社し17時ごろ退社している。「メールのチェック，読書に加え，ホームページの作業も始めた」，「作業室に一人でいるのが苦しくなったし，人恋しくなった。職場の居心地はいいし，職場の仲間とも話をしている。しかし，相変わらず上司とはうまく話せないし，萎縮してしまう」と近況を報告してくれた。「まずは毎日職場で過ごせるようになってよかったですね。身体が慣れてきたら徐々に仕事モードに変えていけばいいと思いますよ。また職場で苦手なC部長と話が出来るようになったのは復帰に向けて大きな一歩だと思います」とスムーズな職場復帰を共に喜んだ。3月中にB氏，C部長，E保健師の3人で今後の予定を話し合う予定とのこと。「職場のミーティングで，仲間に休職したお詫びと現状報告をきちんとしたほうがいい」とア

ドバイスした。

〈9回〉X＋2年4月中旬

4月4日にC部長，E保健師，D先輩と4人で会談し，今月より，朝8時30分に出勤し（17時退社），職場の仲間とのコミュニケーションを図り，2年間のブランクを取り戻すための現状把握を目指す（実務に就くのは時期早尚）ことを確認した。14日には職場の会議で「長期休職のお詫びと温かく迎えてくれたことへの御礼を述べ，神経症の治療後のリハビリ出社中であることの理解をもとめる発言することが出来た」「胸のつかえがとれてほっとした。頭痛もなくなった。ずいぶん気も楽になった」とのこと。

〈10回〉X＋2年5月下旬

通勤のリズムが出来てきた。人事異動があり，幸運にもC部長が転勤し，後任としてD先輩が部長に昇進したとのこと。「最近少し余裕が出てきたのか，職場の周りの人たちのことを見たり，聴いたり出来るようになってきた」と話した。

〈11回〉X＋2年6月下旬

この1ヵ月間概ね順調にリハビリ出社ができている。主治医の判断で投薬は最低量となったとのこと。「マニュアルに忠実に仕事をするのは得意だが，発想や行動の柔軟性が課題です」と明るく語った。

〈12回〉X＋2年7月下旬

8月中旬に正式に職場復帰することが決定したとのこと。「復帰してやっていけるか（？）という不安があるが，以前のような最悪な状態にはならないだろうという楽天的な面もあります」と笑顔で話した。

〈13回〉X＋2年8月下旬

予定通り8月中旬に職場復帰を果たした。「思ったより開き直ってやれています。思い返すとC部長に対しての苦手意識が結局解消できませんでした，今後の課題です。D部長の下では自分らしくいられています」とのこと。今回で定期的なカウンセリングは終結し，今後は必要に応じてフォローアップしていくことにした。

（3）考察

　B氏とのカウンセリングは職場の対人関係とメンタルヘルスの問題を考える上で示唆に富む点が多いと思われる。

　B氏の心の病（出社拒否を伴う神経症）は，職場の対人関係の中で，（リストラが行われた職場環境やＩＴ化の進展する社会の中で）発症したと言ってもいいであろう。ヴァン・デン・ベルクが，あらゆる神経症の病因は対人コミュニケーションや社会にある（ソシオーゼ）と主張している様に，B氏の神経症の病因は，エンジニアであるB氏（新米の課長）とC部長との対人コミュニケーションやA社の職場環境，ＩＴ社会にあると言えよう。

　もともと気が小さく神経質なB氏と上司であるC部長との対人関係は，当初過敏で不安定な関係であり，B氏にとってC部長は，視線が気になるほど苦手で，職場ではびくびくして過ごしていたように思われる。また管理職になりたてのB氏は部下との対人関係も表面的な不安定なものであった。そのためB氏は，職場で心を許せるような，しっかりとした対人関係が築かれておらず，誰からも協力を得られず，管理職の職務も十分果たせず，仕事にも集中できず，孤軍奮闘せざるを得なかったものと思われる。そうしたB氏が，海外出張を契機に，出社拒否を伴う神経症になってしまったのは，自然な成り行きであり，ＩＴ時代のソシオーゼと言ってもいいであろう。

　B氏にとって唯一の救いは，A社内に社員のメンタルヘルスを気遣う優秀なE保健師がいたことである。E保健師が連携している心療内科の受診を勧めてくれたことにより，B氏の病状を悪化させないで済んだし，職場復帰の相談援助については，カウンセラーである筆者が担当するように調整してくれたり，職場のD先輩に協力を要請してくれたことが幸いしたようだ。B氏は筆者との約1年間にわたるカウンセリングを通じ，じっくり自分を見つめながら，職場復帰の準備をすることが出来たものと思われる。

　また家族の理解と支えがあったことも大きい。そして休職するに至ってから，B氏が職場で心を許せるようになったD先輩の存在も大きかった。さらにC部長の転出により，D先輩がB氏の新しい上司に代わったこともまことに幸運であった。

　そこで筆者なりにこの問題の背景を，①B氏自身の問題，②職場の問題，③

家庭の問題，④ＩＴ社会の問題の４つの視点から整理しておきたい。

①　Ｂ氏自身の問題

1）Ｂ氏は長年コンピュータ技術者の習い性である論理的思考の世界[7]を生きていたように思われる。当時は，シナリオを想定してその通りにしないと，対人コミュニケーションも出張も出来ない有様であった。特に中国出張時は準備だけでも疲れたし，想定外の事態に対して，柔軟な発想や行動が出来ないなどの悩みを募らせたようだ。その後の療養期間を経て，筆者とのカウンセリングを契機に，さび付いた感性がよみがえりつつある。

2）一技術者の時には職務に生かされていたＢ氏の完璧主義で几帳面なパーソナリティ傾向が，人間を対象にした職務である管理職を担っていく際に災いしたものと思われる。１年間にわたる筆者との論理療法的なカウンセリング[8]を通じ，Ｂ氏のイラッショナルビリーフ（非合理的な思い込み）がラッショナル（合理的）ビリーフへと変容しつつある。

3）ノンアサーティブ（上司にNOが言えない，部下に仕事を頼むのも苦手）であったＢ氏は，当時職場で表面的な「よい人間関係」[9]しか営めず，新米の管理職としての悩みや苦悩を誰とも分かち合えず，誰も支えてくれないと感じてしまい，孤立していたことが想像できる。そうしたＢ氏がカウンセラーの指導によりアサーショントレーニングの実践を試み，上司や部下にこれまで言えなかったことが少しずつ言えるようになるなど，「ほんとうの人間関係」[10]をある程度営めるようになり，職場の仲間に支えられ，自身の居場所を確保しつつある。ただし，Ｃ部長をはじめとする苦手な上司との対人関係を営む上での資質の改善は，いまだ途上にあり，Ｂ氏にとって今後の課題である。

②　職場の問題

1）Ｂ氏とＣ部長との対人関係の病理は両者の問題である。仕事はよく出来るが，部下の気持ちがわからないＣ部長が，Ｂ氏に厳しく接し過ぎたことが，Ｂ氏の心の病の背景にあるものと思われる。Ｅ保健師の介入により，Ｃ部長が自身の問題に気づき，職場のメンタルヘルスの改善に協力的になったものと思われる。

2）当時の職場は，リストラの影響により，人員は削減され，多忙でストレスフルな状況であり，仲間同士が支えあいねぎらいの言葉をかけあう職場では

なかったようだ。そうした殺伐とした職場環境の中で，苦悩していたＢ氏が出社拒否を伴う神経症になっても何ら不思議ではなかった。しかし，Ｂ氏の問題を契機に，Ｃ部長をはじめ職場の仲間（特にＤ新部長）がメンタルヘルスの問題を大切にするようになり，仲間を思いやれるようになっていったものと思われる。その様な温かい職場環境の中でＢ氏のリハビリプログラムが成功したものと思われる。また会社がリストラ（人件費の削減）をしても社員のメンタルヘルス対策の予算を削減しなかったことも評価出来る。

③　家庭の問題

1）Ｂ氏にとって家族（妻と子ども３人）の支えは，厳しい仕事を続ける上でも，休職後の職場復帰を図る上でも，きわめて有用であったと思われる。また当初希薄だった家族とのコミュニケーションも徐々に親密になりつつある。

2）Ｂ氏にとって，そうした居心地のよい家庭環境が，今回の問題では，逆に災いしたとも考えられる。居心地の悪い職場と居心地のよい家庭とのギャップが大きくなり（その葛藤に耐えられず），Ｂ氏を出社拒否症（ソシオーゼ）にしてしまった可能性がある。

④　ＩＴ社会の問題

1）「新しい人間関係の挫折」，「ソシオーゼ」などもともと現代社会がかかえる問題が，上記の通り，多元的な自己群を生きざるを得ないＢ氏の職場と家庭での自己のありようのギャップ（葛藤や矛盾）を大きくしてしまったように思われる。

2）また従来の伝統的な日本人の対人関係の弊害が見受けられる。波風を立てることを好まない日本人の集団の中で育ったＢ氏が，「ほんとうの人間関係」やアサーティブなコミュニケーションの資質を身に着けることが出来なかったことが，本問題の背景にあることは明らかである。

3）さらに，ＩＴの急速な普及が，論理的思考，感性の鈍磨，完璧主義，対人関係が希薄，などの特徴を兼ね備えた，Ｂ氏という典型的な「コンピュータ人間」（小川[1]）を育て，ＩＴ時代のソシオーゼの深刻化に，拍車をかけたように思われる。

Ｂ氏をはじめとするＩＴ時代に生きる人々は，各自が自身の生き方を問い直し，こうした「ソシオーゼ」の克服，[2]「ほんとうの人間関係」の実践，[3]「コ

ンピュータ人間」からの脱皮などの課題と向き合って生きていくことが必要となろう。筆者とＢ氏とのメンタルヘルス・カウンセリングは，まさにクライエントであるＢ氏と共に，自身の問題も含め，職場や社会の問題の克服を目指していくプロセスであったといえよう。

4. 職場の対人関係の回復とメンタルヘルスの向上を目指して

（1）職場の対人関係の病理とその克服

これまでＢ氏の事例を通じて，ＩＴ時代における職場の対人関係の病理とメンタルヘルスの問題を考えてきたが，ここではその対応策を考察していきたいと思う。

筆者は，これまでの研究により，いわゆる「コンピュータ人間」の対人関係の病理や「ソシオーゼ」の克服に関しては，感性の覚醒，対人関係の回復，「職場も家庭も」という多元的な自己を生きることをめざすことが求められることを，明らかにしてきた。[11] ここではＢ氏の様に，「ほんとうの人間関係」を営むことがなかなか困難なために，職場での悩みを一人で抱え込み，仲間から支えてもらえず孤立し，出社拒否症状，神経症，うつ病などの精神病理をもたらしてしまいがちな，日本人の「新しい人間関係の挫折」の問題を考察したい。

現象学的人間関係学者（心理学者）早坂泰次郎は，『心理学』の中で，日本人が構成する職場では「日常的な表面的に波風を立てないタテマエだけの「よい人間関係」が蔓延しており，馴れ合いに過ぎない盲目的同調グループを形成し，仲良しグループ以外の人間を排除する結果になっている場合が多い」[12]と指摘している。そうした職場の雰囲気の中では，たとえ悩みや不満があっても，互いにホンネで話し合ったり（「ほんとうの人間関係」を営んだり），共に支えあったり，切磋琢磨することは難しいであろう。そのため，Ｂ氏と同様に，前述の伝統的な日本人の人間関係の弊害（「よい人間関係」）と能力主義や成果主義によるストレス（葛藤）や「新しい人間関係の挫折」に苦悩し，出社拒否を伴う神経症，うつ病などの心の病に苛まれる職員が多いものと思われる。

このような状況の中で，個々人の成長とメンタルヘルスを目指す健康的なグループを実現するためには，早坂が指摘している通り「他の成員との対話にお

いて，彼の真意を敏感に感じ取り，自己の真意を相手に伝えること」がまず必要である。またそれが成就されるためには，「相互の間に勇気あるぶつかり合いと相互受容とがともに必要」であるし，健康的な集団の成立する基盤は，「人間一人ひとりがはっきりと違った個性を発揮しながら，同時にお互いにその違いを尊重し，生かし合うという「ほんとうの人間関係」にあり，それは表面的ななごやかさ，皆同じを演出する単なる「よい人間関係」とは異質である」ことを再認識する必要があろう。

しかしながら3節で考察したＡ社のＢ氏の事例のように，職場の対人関係において「ほんとうの人間関係」を実践することは，現状ではかなり難しいといわざるを得ない。だが，職場の対人関係やメンタルヘルスの向上を目指していくためには，職場，地域，家庭で「ほんとうの人間関係」を実践する資質や，共に支えあい成長していけるようなコミュニケーション能力やグループマネージメント能力をあらためて問い直し，高めていく必要があろう。

（2）職場の対人関係の回復とメンタルヘルスの向上を目指すには

「ほんとうの人間関係」の実践やグループマネージメント能力の向上をめざすには，対人関係のグループトレーニング（ＩＰＲ）[13]，アサーショントレーニング，カウンセリング，日常生活における「愛の修練」[14]（フロム）などの体験学習が必要であろう。具体的には，頭でわかるだけでなく，以下のような対人関係教育，体験学習がＩＴ時代に生きる人々に必要と思われる。

1）他者の生きる世界（時間，空間，身体，事物，対人関係，職場，家庭，社会）の理解

2）対話の精神（見る，話す，聴く，応える，共にいる）

3）言葉にこめられた気持ちの理解（共感）と豊かな感情表出（言語化）

4）アサーション能力の向上

5）思いやりの精神（相手の気持ち，立場，自分との違いの理解。押しつけは禁物）

6）お互い様の精神（誰もが心身の健康を損なうことがあり，お互いに苦しいときには支えあえるような関係になれる。また人間関係のトラブルは一方だけに非があることはほとんど無い）

7)お互いの長所を発見し認めあう。またお互いの短所を補い合い,「シェアー
　　ド・リーダーシップ」[15]を実践する。
　8）どんな諍いも和解できるような基本的信頼関係の実現
　9）お互いに成長（変化）の可能性を信じる
10)「よい人間関係」と「ほんとうの人間関係」のバランス
　また，職場のメンタルヘルスの予防，アセスメント，カウンセリング，調整,
介入などに携わる援助者（精神科医やカウンセラーだけでなく，Ｅ保健師のよ
うにソーシャル・ワーカー的な役割を担えるメンタルヘルスの専門家）の養成
も急務であろう。

おわりに

　これまで，筆者が携わってきたインタビュー調査やカウンセリングの事例を
通じ，ＩＴ時代における職場の人間関係とメンタルヘルスの問題を考察してき
たが，今後も，企業における職場のうつ病やパワーハラスメントの問題，社会
福祉や医療現場における対人関係とメンタルヘルスの問題を継続研究していき
たいと思う。最後に，今回筆者に企業のメンタルヘルス活動に携わる機会を与
えていただいた，Ａ社のＥ保健師，クライエントＢ氏および関係各位に深く感
謝したい。

〈注〉

1）小川憲治『コンピュータ人間―その病理と克服』勁草書房，1988 年

2）小川憲治『ＩＴ時代の人間関係とメンタルヘルス・カウンセリング』川島書店，
　2002 年

3）たとえば，社会経済生産性本部メンタル・ヘルス研究所『産業人メンタルヘルス白書
　（2005 年版）』同研究所，2005 年

4）吉田脩二『心の病は人間関係の病』朱鷺書房，1989 年，16 頁

5）ヴァン・デン・ベルク『メタブレティカ』（早坂泰次郎訳）春秋社，1986 年，277 頁

6）平木典子『アサーション・トレーニング』金子書房，1993 年

7）クレイグ・ブロード『テクノストレス』（高見浩他訳）新潮社，1984 年

8）アルバート・エリス他『論理療法』（國分康孝他訳）川島書店，1981 年

9）早坂泰次郎『人間関係の心理学』講談社現代新書，1979 年，178 頁

10）同，198 頁

11）前掲書 1），2）参照

12）早坂泰次郎編著『心理学（新版看護学全書）』メヂカルフレンド社，1994 年，137 頁

13）前掲書 9），30 頁

14）エーリッヒ・フロム『愛するということ』（鈴木晶訳）紀伊國屋書店，1991 年，159 頁

15）前掲書 12），134 頁

終　章

　これまで，ＩＴ時代の人間関係とメンタルヘルス，相談援助の方法論，心理臨床の事例，家庭児童問題などについて論じてきたが，さまざまな社会問題が山積みなＩＴ時代に豊かな人間関係とメンタルヘルスの実現を図るには，より一層の研究が必要であろう。

　30年前に筆者の研究テーマであった「テクノストレス（テクノ不安とテクノ依存）」問題が，ＩＴ革命の進展とともに「インターネット中毒」と呼ばれる嗜癖問題にエスカレートしたり，携帯電話の出会い系サイトやテレクラを巡る性的犯罪が急増するなど，急速に深刻化しており，ＩＴがわれわれ人間に与える影響（特に影の部分）についての研究が普及のスピードに追いつかないのが実情である。

　ＩＴ時代に生きる人々の心理，生理，行動，人間関係，心身の健康，社会病理などに関する学際的研究（心理学，生理学，行動科学，人間関係学，保健学，精神医学，社会学，社会福祉学，文化人類学，哲学）が急務であろう。拙著が多少なりともそうした学際的研究のささやかな試みとなればとの思いをこめて，副題を「現象学的臨床社会心理学（福祉心理学）序説」とした。

　またＩＴ時代に生きる人々が，ＩＴをはじめとするテクノロジーの産物に過剰に依存したり，狂信（または盲信）したり，否定したりするのではなく，自身の生き方やあり方およびテクノロジー（ＩＴ）やその産物との共存の仕方を今後も問い直していく必要があろう。

　Ｅ・フロムが，50年前に，その著書『希望の革命』（1968年）の中で「技術や物質的消費だけを一方的に強調したために人間は自分との接触を失った。宗教的信仰とそれに結びついた人間主義的価値を失った人間は，技術的，物質的価値に専念し，深い情緒的体験とそれに伴う喜びや悲しみを感じる能力を失ってしまった」と警告したにもかかわらず，問題は深刻化するばかりである。われわれにとって未知のＩＴ時代だからこそ，"古きをたずねて新しきを知る"

学問的姿勢や意識革命も大切である。

　本書を一里塚として，今後とも現象学的人間関係学，臨床社会心理学（福祉心理学）の立場から研究を継続していきたいと思う。

〈参考文献〉

足立叡『臨床社会福祉学の基礎研究』，学文社，1996 年

アレン・E・アイビイ著／福原真知子・椙山喜代子・國分久子・楡木満生訳編『マイクロカウンセリング』，川島書店，1985 年

アプテカー,H.H.，1955年／坪上宏訳『ケースワークとカウンセリング』，誠信書房，1964年

芦﨑治『ネトゲ廃人』，リーダーズノート，2009 年

オールポート，G．W．，1937 年／詫摩武俊 他訳『パーソナリティ』，新曜社，1982 年

バイステック，F.P.，1961年／田代不二男・村越芳男訳『ケースワークの原則』，誠信書房，1965年

馬場謙一・福島章・小川捷之・山中康裕編『父親の深層』，有斐閣，1984 年

馬場謙一・福島章・小川捷之・山中康裕編『母親の深層』，有斐閣，1984 年

ボウルビイ，J.，1979年／作田勉監訳『母子関係入門』，星和書店，1981年

ブロード，C.，1984年／池央耿・高見浩訳『テクノストレス』，新潮社，1984年

ブーバー，M.，1923年／田口義弘訳「我と汝」（著作集 I『対話的原理』），みすず書房，1967 年

Christina Crook, 2015 年／安部恵子訳『スマホをやめたら生まれ変わった』幻冬舎, 2016 年

遠藤美季『家庭でマスター！中学生のスマホ免許』，誠文堂新光社，2014 年

遠藤美季・墨岡孝『ネット依存から子どもを救え』，光文社，2014 年

藤原智美『家族を「する」家』，プレジデント社，2000 年

藤原智美『スマホ断食』，潮出版社，2016 年

フランクル，V.E.，1955年／宮本忠雄訳『時代精神の病理学』，みすず書房，1961年

フロム，E.，1941年／日高六郎訳『自由からの逃走』，東京創元社，1951年

フロム，E.，1947年／谷口隆之助・早坂泰次郎訳『人間における自由』，東京創元社，1972年

フロム，E.，1956年／鈴木晶訳『愛するということ』，紀伊國屋書店，1991年

フロム，E.，1958年／加藤正明・佐瀬隆夫訳『正気の社会』，社会思想社，1958年

フロム，E.，1968年／作田啓一・佐野哲郎訳『希望の革命』，紀伊國屋書店，1970年

早坂泰次郎編『20 世紀人の心理学』，朝倉書店，1971 年

早坂泰次郎『人間関係の心理学』，講談社現代新書，1979 年

早坂泰次郎『現象学をまなぶ』，川島書店，1986 年

早坂泰次郎『人間関係学序説』，川島書店，1991 年

早坂泰次郎・足立叡・小川憲治・福井雅彦『〈関係性〉の人間学』, 川島書店, 1994 年

早坂泰次郎・上野矗・山本恵一『心理学』（新版看護学全書）, メヂカルフレンド社, 1994 年

早坂泰次郎編著『現場からの現象学』, 川島書店, 1999 年

ハイデガー, M., 1927年／原佑訳『存在と時間』, 中央公論社, 1980年

樋口進『ネット依存症』, PHP新書, 2013 年

平木典子『カウンセリングの話』, 朝日新聞社, 1984 年

Hollands, J. : The Silicon Syndrome, Bantam Books, 1981.

石川結貴『ネトゲ廃女』, リーダーズノート, 2010 年

石川結貴『スマホ廃人』, 文春新書, 2017 年

磯村毅『親子で読むケータイ依存脱出法』, ディスカヴァー・トウエンティワン, 2014 年

James, W. : Principles of Psychology, Harvard Univ. Press, 1891.

ヤング, K., 1998年／小田嶋由美子訳『インターネット中毒』, 毎日新聞社, 1998年

黒田正典「心理学の理論および心理学史の意義」（安倍淳吉・恩田彰・黒田正典監修『現代
　心理学の理論的展開』, 川島書店, 1988 年）

クワント, R. C., 1965年／早坂泰次郎監訳『人間と社会の現象学』, 勁草書房, 1984年

Kruger, D. : An Introduction to Phenomenological Psychology, Duquesne Univ. Press,
　1981.

ミッチャーリヒ, A., 1963年／小見山実訳『父親なき社会』, 新泉社, 1988年

宮田穣『ソーシャルメディアの罠』, 彩流社, 2015 年

諸富祥彦『スマホ依存の親が子どもを壊す』, 宝島社, 2016 年

ムスターカス, C. E., 1988年／杉村省吾・杉村栄子訳『現象学的心理療法』, ミネルヴァ書房,
　1997 年

小川憲治『「コンピュータ人間」─その病理と克服』, 勁草市房, 1988 年

小川憲治「ハイテク時代の適応と不適応」（『青年心理』76 号）, 金子書房, 1988 年

小川憲治「テクノ・アニメテイと人間関係」（『応用社会学研究』32 号）, 立教大学社会学部,
　1990 年 a

小川憲治「アニメビデオ, パソコンなどにのめり込んだ青少年の対人関係の病理とその克服」
　（『立教社会福祉研究』11 号）, 立教大学社会福祉研究所, 1990 年 b

小川憲治「ハイテク時代のソシオーゼ」（『応用社会学研究』33 号）, 立教大学社会学部,
　1991 年

小川憲治「家庭児童相談室における登校拒否問題への対応」（『立教社会福祉研究』12・13
　合併号），立教社会福祉研究所，1992 年

小川憲治「家庭相談員の活動状況と今後の課題」（『長野大学紀要』17 巻 1 号），1995 年

小川憲治「相談援助の現象学—クライエント理解に関する方法論的一考察—」（『長野大学紀
　要』17 巻 4 号），1996 年

小此木啓吾『ケータイ・ネット人間の精神分析』，飛鳥新社，2000 年

斎藤学『家族依存症』，新潮文庫，1999 年

佐藤悦子・庄司洋子「家庭相談室の現状と家庭相談員の意識」（『応用社会学研究』35 号），
　立教大学社会学部，1993 年，103-121 頁

佐藤悦子『家庭内コミュニケーション』，勁草書房，1986 年

佐藤悦子『夫婦療法』，金剛出版，1999 年

佐藤俊一・岸良範・平野かよ子『ケアへの出発』，医学書院，1986 年

Sherry Turkle, 2015 年／日暮正通訳『一緒にいてもスマホ；ＳＮＳとＦＴＦ』，青土社，2017 年

霜山徳爾『素足の心理療法』，みすず書房，1990 年

須田耕輔「単身赴任 15 年間における家族の絆」（『第 26 回立教大学社会福祉研究所公開セ
　ミナー資料集』），1989 年

サリヴァン，H.S., 1954年／中井久夫・山口隆訳『現代精神医学の概念』，みすず書房，
　1976 年

高橋良臣「いわゆる登校拒否に関する諸問題の再検討」（『立教社会福祉研究』9 号），立教
　大学社会福祉研究所，1987 年

高橋良臣「登校拒否児の合宿治療」（『心理臨床』1 巻 4 号），1988 年

竹内和雄『スマホチルドレン対応マニュアル』，中央公論新社，2014 年

徳永幸子『「病い」の存在論』，地湧社，1984 年

ラマニシャイン R.D., 1982年／田中一彦訳『科学からメタファーへ』，誠信書房，1984年

立教大学社会福祉研究所編『対人関係としての親子関係』（同研究所モノグラフ，2 号），
　1989 年

ヴァン・デン・ベルク，J. H., 1954年／早坂泰次郎・田中一彦訳『人間ひとりひとり』，現代社，
　1976 年

ヴァン・デン・ベルク，J. H., 1956年／早坂泰次郎訳『メタブレティカ』，春秋社，1986年

ヴァン・デン・ベルク，J. H., 1972年／足立叡・田中一彦訳『疑わしき母性愛』，川島書店，

1977 年

ヴァン・デン・ベルク，J．H．，1974 年／早坂泰次郎訳『引き裂かれた人間　引き裂く社会』，
　　勁草書房，1980 年

ヴァン・デン・ベルク・早坂泰次郎『現象学への招待』，川島書店，1982 年

若林慎一郎・本城秀次『家庭内暴力』，金剛出版，1987 年

ウォレス，P．，1999年／川浦康至・貝塚泉訳『インターネットの心理学』，ＮＴＴ出版，2001年

やましたひでこ『ようこそ断捨離へ（モノ・コト・ヒト，そして心の片づけ術）』，宝島社，2010 年

川浦康至「携帯電話と社会生活」（『現代のエスプリ』2001 年 4 月 405 号，21 頁），至文堂

高石浩一「クリニカル・インターネット」（『こころの科学』2000 年 5 月－ 12 月 90-97 号），
　　日本評論社

橋本良明「朝日新聞・家庭欄　家族のきずな―ＩＴがやってきた 1」，2001 年 4 月 29 日

藤竹暁「携帯電話と社会生活」（『現代のエスプリ』405 号，14 頁），至文堂

松田美佐「携帯電話と社会生活」（『現代のエスプリ』405 号，15 頁），至文堂

宮木由貴子「朝日新聞・家庭欄　家族のきずな―ＩＴがやってきた 4」，2001 年 5 月 2 日

ラナ・F・フコウ，他「リモコンママの携帯電話」（『現代のエスプリ』405 号，106 頁），至
　　文堂

「解読 幼女殺人を生んだもの」（『朝日ジャーナル』1989 年 10 月 6 日），朝日新聞社

増補版 あとがき

時のたつのは早いもので，2002 年に本書『ＩＴ時代の人間関係とメンタルヘルス・カウンセリング』を出版してからあっという間に 15 年が経過した。この 15 年間のインターネットの発展（中でもＳＮＳ，写真や動画の投稿サイト，オンラインゲーム，通販など）と，この数年のスマホ（スマートフォン）の急速な普及はめざましいものがある。多くの人にとって，もはやインターネットやスマホは手元に無くては困る便利な必需品であり，簡単には手放せない「ＩＴインフラ」として，身体の一部になりつつあるが，その一方で，ネット依存，スマホ依存，人間関係の希薄化（対話，面談の機会の減少や軽視）ネットいじめなどの問題も深刻化してきた感がある。

今回『（増補版）ＩＴ時代の人間関係とメンタルヘルス・カウンセリング』を，装いを新たに出版するにあたり，近年のＩＴの急速な進展により深刻化した諸問題について，最近記した研究ノート「急速なスマホの普及の功罪」（2017年）を序章として，また企業における産業カウンセリング事例をもとに記した「職場の対人関係とメンタルヘルス」（2007 年）を９章として，新たに２つの章を追加することにした。本書のテーマである「ＩＴ時代の人間関係とメンタルヘルス」に関する深刻化した問題については，学校，職場，家庭などで，教員，臨床心理士，精神科医などの専門家を交えて，対応策を検討し，実践していくことが急務であり，本書増補版の問題提起が，多少なりともそうした活動の参考になれば幸いである。

私事ではあるが，1970 年から約 15 年間のＩＴ企業でのＳＥの仕事を辞した後，臨床心理士をめざし，1986 年に立教大学大学院に社会人入試で入学し，その後大学院での２年間の研究成果である修士論文を 1988 年に拙著『「コンピュータ人間」―その病理と克服』（勁草書房）として出版してから，約 30

年間が経過した。本増補版は，この30年間，心ある恩師，職場の先輩，後輩，仲間，学生，クライエントなどに恵まれ，大学教員としてまた臨床心理士として，社会福祉教育，学生相談，家庭児童相談，産業カウンセリング，研修講師などの，教育研究，心理臨床などの活動に携わってきた際に，書きためてきた小論文や研究ノートを集大成したものである。

　これまで小生の活動を支えてくださった皆様に，この場を借りて，深く感謝申し上げるとともに，本書を2000年に逝去され今年17周忌を迎えられた恩師早坂泰次郎先生の墓前と，ほぼ同時期に永眠した父母の墓前に感謝をこめて捧げたい。
　また今回本書の増補版の刊行を奨めてくださった川島書店の中村裕二社長と，編集を担当してくださった加清明子さんのご尽力にも心から謝意を表したい。

　　　　　　古希をむかえた2017年の初秋，横浜にて　　小川憲治

〈初出一覧〉

序章　急速なスマホの普及の功罪―さまざまな便利さの享受に伴う，友人や家族との豊かな会話や孤独な時間を享受する機会の減少―（2017 年 7 月）

1 章　IT 時代の人間関係（『IT時代の人間関係とメンタルヘルス・カウンセリング』川島書店，2002 年 2 月）

2 章　「自閉的世界」に生きる現代人（『〈関係性〉の人間学』川島書店，1994 年 2 月

3 章　情報化社会の人間関係とメンタルヘルスに関する臨床社会心理学的研究（電気通信普及財団研究調査報告書，8 号，1994 年 1 月）

4 章　相談援助の現象学―クライエント理解に関する方法論一考察―（『長野大学紀要』17 巻 4 号，1996 年 3 月）

5 章　相談援助の現象学―クライエントの生きる世界とその変容―（『IT時代の人間関係とメンタルヘルス・カウンセリング』川島書店，2002 年 2 月）

6 章　アニメビデオ，パソコンなどにのめり込んだ青少年の対人関係の病理とその克服―登校拒否児 N 君の事例を通じて―（『立教社会福祉研究』11 号，1990 年 3 月）

7 章　ハイテク時代のソシオーゼ―臨床社会心理学的一考察―（立教大学『応用社会学研究』33 号，1991 年 3 月）

8 章　ソシオーゼとしての家庭児童問題―苦悩する母親への支援と地域における子育て再考―（『立教社会福祉研究』18・19 合併号，2000 年 3 月）

9 章　職場の対人関係とメンタルヘルス―企業におけるカウンセリングの事例を通じて―（『長野大学紀要』28 巻，3・4 合併号，2007 年 3 月）

索　引

ア　行

ＩＴ革命　22
ＩＴ時代　i, 30, 109
　　──のソシオーゼ　117
　　──の人間関係　16, 53
愛の習練　138
ＩＰＲ（対人関係）トレイニング　47,
　　121, 156
アセスメント　57
足立 叡　56
アニメビデオ　83, 84, 89, 92, 99, 100,
　　102
アプテカー（Aptekar, H. H.）　54

生きがい　41, 73, 83
いじめ　26, 105, 111, 141
インスタグラム（Instagram）　2, 5
インターネット　4, 9, 22
インターネット依存　5, 12, 16
インターネット中毒　16, 159
インタビュー調査　42, 43, 143, 157
インテーク　58, 85, 98

ヴァン・デン・ベルク（van den Berg, J.H.）
　　12, 52, 56, 64, 69, 70, 72, 74, 83,

99, 108, 109, 116, 117, 128, 136,
144, 152

ウォークマン　30, 32, 35, 83
ウォークマン騒音傷害事件　39
「疑わしき母性愛」　136

ＳＮＳ　1, 4
遠距離恋愛　18

「お受験」殺人事件　127
親－子内存在　132, 138
オールポート（Allport, G. W.）　63

カ　行

解釈　78
会社人間　45-47, 49, 116, 119
カウンセラー　58, 59, 63-65, 74, 75,
　　78, 79, 83, 84, 98, 101, 112, 113,
　　115, 129, 130, 132, 135, 143,
　　145, 150, 152, 153, 157
カウンセリング　ii, 18, 37-39, 50, 51,
　　53, 54, 58, 74, 75, 79, 83-87, 100-
　　102, 104, 105, 107, 111-113, 115,
　　118, 126, 128-133, 139, 165, 166
過剰適応　42, 116

家族依存症　76

カタルシス　76

家庭児童相談室　53, 55

家庭児童問題　ii, iii, 51, 76, 107, 126, 128, 129, 133, 139, 159

家庭内暴力　ii, 58, 126, 128, 129, 132, 141

環境世界　27

関係性　26, 28

関係の先験性　28

間接会話　16, 18

完璧主義　12, 37, 87, 100, 113, 132, 153, 154

岸本英夫　71

既知への問い　28, 58, 60, 64, 65

喜怒哀楽の感情　20, 36

機能的なコミュニケーション　17

基本的傾聴技法　76

共感　76, 147, 156

共同主観化　63

共同相互存在　34

強迫神経症的（行動）傾向　88, 93, 100, 135

空間　16, 19, 27, 29, 32, 69, 71, 77, 81, 99, 102, 103, 156

空間体験　71

グループ体験　27, 52, 117

クワント（Kwant, R. C.）　27, 34, 56, 69, 73, 105, 121

携帯依存症　21

携帯電話（ケータイ）　i, ii, 4, 5, 15-23, 72, 82, 143, 159

ケースワーク　53, 54, 118

ゲノタイプ　36, 42, 116, 129

言行不一致　78

現実感覚　102

現象学　26, 28, 41, 54, 61, 64, 65,

現象学的還元　64

現象学的記述　69

現象学的心理学　53

現象学的精神病理学　56, 99

現象学的態度　64, 65

現象学的人間関係学　i, 15, 23, 28, 53, 143, 160

構造論　62

行動療法　74

呼称　73

個人主義　26

個性記述的　61

個別化　57

コミュニケーション　5, 15, 17, 19, 36, 45, 47, 48, 109, 144, 145, 151, 154

孤立感　2, 21, 49, 71, 82

コンピュータ中毒　46

コンピュータ人間　i, 12, 35, 45, 47, 154, 155, 166

コンピュータへののめり込み　116

コンプレックス　84, 86, 87, 99-101

サ　行

斎藤 学　76
挫折体験　79, 126, 129, 141
佐藤俊一　57
サリヴァン（Sullivan, H. S.）　63
参与観察者　63

ジェイムズ（James, W.）　57
時間　27, 29, 69, 103, 156,
時間体験　71
志向性　76, 77
自己　26, 73, 74, 109, 154-156
自己開示　79
自己覚知　74, 77, 135
自己実現　48-50, 120, 127, 138, 141
自己中心的な人間関係（対人関係）　12,
　　16, 17
仕事中毒　119, 120, 126, 127
　　──の会社人間　45, 46, 49, 116
仕事人間　37, 107, 111, 113, 116,
　　123, 132, 133
自己理解　28, 57, 60, 77, 78,
指示　77, 147
事実性　69, 73, 121
システムエンジニア　45, 47
自然的態度　64, 65
実存的フラストレーション　44, 49,
　　141
質問紙法　63
事物との関係　27, 72, 82, 103

自閉的対人関係　138
自閉的な世界　30-37, 39, 101
霜山徳爾　55
社会資源　54, 77
社会症　109, 110, 144
社会的エゴ群間の葛藤　116, 117, 119
社会的事実性　69, 105, 121, 127
社会的役割　27, 29, 121
社会福祉士　53, 56
終結　54
集団主義　26, 43, 56
主観的世界　64, 65
出社拒否　37, 42, 49, 58, 107,
　　145-147, 152, 154, 155
シュトラウス（Strans, E.）　70, 71
準拠枠　64, 65, 77
情報化社会　i, 41, 42, 47-49, 51
　　──の人間関係　41
情報提供　76, 77
助言　77, 135, 136, 147
シリコシ・シンドローム　36
神経症　37, 42, 49, 75, 109, 110, 128,
　　143-147, 151, 152, 154, 155
身体（Leib）　27, 104
心的外傷　70, 141
信頼関係　13, 22, 29
心理テスト　57, 62, 63
心理療法　54, 55, 70

素足性　55
ストーカー　ii, 17, 82
ストレス　43, 49, 50, 82, 95, 155

索　引　*171*

スマホ　i, ii, 1-9, 12, 22, 165
スマホ依存　1, 3, 6, 7, 10, 12, 165

性格　63
精神分析　55, 74
世界内存在　26, 27, 65, 69, 75, 132
世界の変容　39, 53, 57, 66, 69, 71, 74,
　　75, 79, 84, 99
世間体　73

相互主観的　26, 63
相互主体的関係　61, 73, 74
相互身体的　17, 28, 63, 104
相互浸透的関係　28, 73, 74
相互性　28
相互補完的関係　137
操作人間　17, 110
相談援助の現象学　54, 64, 69
相談援助のプロセス　28, 57, 75
相談援助活動　51, 53, 54, 62, 66, 69
疎外感　12, 44, 49, 82
ソシオーゼ　107-110, 116-119, 121,
　　126-129, 139, 144, 152, 154
　　──の克服　121, 123, 133, 154, 155
ソーシャル・ワーカー　58, 157
ソーシャルワーク　55, 74

タ　行

対決　78
体験学習　29, 66, 98, 104, 105,
　　136-138, 165

体験時間　27, 81, 103
体験世界　17, 27, 70, 71, 73, 74, 81
　　──の変容　73
大集団の多元性　109
対人援助　54, 56, 57
対人関係（Inter-personal Relationship）
　　i-iii, 4, 16, 17, 23, 26, 28, 29, 34,
　　47, 55, 63, 72-74, 76, 81, 98, 99,
　　101, 102, 112, 128, 129, 133,
　　135-138, 143, 145, 146, 152-154,
　　156, 157
　　──の回復　39, 51, 83, 104, 105,
　　　　113, 115, 118, 121, 155, 156
　　──の希薄化　41, 83, 110, 117
　　──の病理　34, 35, 83, 84, 105, 127,
　　　　128, 132, 133, 143, 144, 153,
　　　　155
　　──への関心　102
対人コミュニケーション　4, 13, 17,
　　138, 152, 153
対人コミュニケーション能力　48
対人不安　37, 84, 100, 102, 105, 111-
　　113, 116, 117, 126, 127, 141, 146
第2の自然　27, 69
他者　4, 16, 22, 23, 26, 27, 29, 31-35,
　　37, 39, 41, 44, 45, 66, 69, 73, 74,
　　101, 102, 113, 136, 138, 141,
　　142, 144, 156
　　──との関係　19, 32, 34, 35, 39, 76,
　　　　79, 100-102, 112, 118
　　──との出会い　39, 115
他者理解　28, 57, 60, 78

タテ社会　26
タテマエ　26, 28, 47, 155
単身赴任　18, 37, 38, 111, 113, 114,
　　116, 119, 120, 126, 127, 129,
　　130, 142

チック　37, 85, 113
父親不在　46, 107, 116-121, 123, 126,
　　127, 129, 138, 141, 142

Twitter　1
つながりとあいだ　16, 18, 138
罪の文化　26

出会い系サイト　5, 16, 17, 22, 159
適応　63, 82
適応不全　82
テクノ・アメニティ　108, 110
テクノ依存症　36, 42, 108, 116
テクノストレス　i, 12, 13, 36, 41, 42,
　　108, 143, 159
テクノ不安症　108, 112
テクノロジー・アセスメント　21, 23
電子メール　1, 17, 18, 143
転職　43, 44, 49, 50, 70, 120

登校拒否　ii, 30, 36, 37, 39, 42, 45,
　　46, 58, 76, 77, 83, 84, 87, 97, 105,
　　111-114, 116-118, 126, 128-132,
　　141, 163
登校拒否児　ii, 36, 37, 39, 54, 83-85,
　　99, 103, 108, 110, 113, 116, 117,

　　126, 128, 129
特性論　62, 63
徳永幸子　56

ナ　行

肉体（Körper）　27, 28, 69, 75
人間
　──について知る　57
　──を知る　57
人間関係（Human Relations）
　　1, 15-19, 21-24, 26-30, 35, 39,
　　41-44, 47-51, 56-58, 60, 61, 63-
　　65, 74, 814, 107, 108, 128, 142,
　　144, 153-157, 159
　──の希薄化　1, 10, 12, 30, 143, 165
　──の現象学　64, 65
　──の病理　i, ii, 35, 36, 38, 39, 42,
　　53, 105, 108, 116, 143
人間性の回復　iii, 42
人間不信　22, 131, 132

ネット依存　1, 5-9, 12, 13, 16, 165

ハ　行

バイステック（Biestek, F. P.）　55, 56
排他性　26, 27, 142
排他的傾向　23
排他的母子関係　136
ハイデガー（Heidegger, M.）　27, 56,
　　65

ハイテク時代　105, 108-110, 116,
　　118, 123, 126
恥の文化　26, 142
パソコン　ii, 4, 30, 35, 41, 45, 46, 48-
　　50, 82-90, 92, 94-96, 98-103, 105,
　　108, 110-112, 115, 117, 142, 148,
　　149
パーソナリティ　28, 57, 62, 63
早坂泰次郎　i, 26, 56, 73, 83, 104,
　　126, 155, 166
ハラスメント　ii, 107, 143, 157
春奈ちゃん殺人事件　126, 127
パールマン（Perlman, H. H.）　55

ビデオ（アニメビデオ）　30, 35-37,
　　44, 83, 84, 86, 87, 89, 90, 92, 99,
　　100-102, 105, 113, 117
一人遊びの道具　30, 117, 142

ファミコンマニア　30, 37, 39, 43, 113
フィードバック　77
Facebook　1, 5
フェティシズム　36
フェノタイプ　36, 42, 116
福井雅彦　26, 73
フッサール（Husserl, E.）　56
ブーバー（Buber, M.）　29, 31, 34
フロイト（Freud, S.）　55, 144
ブロード（Brod, C.）　36, 42, 108
フロム（Fromm, E.）　i, 17, 138, 156,
　　159

閉鎖的グループ　132, 133, 142
ヘッドホン・ステレオ　30, 32-35
偏見　64, 65

法則定立的　61
母子家庭　131
母子関係　3, 118, 132, 133, 135,
　　136
母子癒着　107, 116, 119, 129, 138,
　　142
ほんとうの人間関係　13, 26-29, 81,
　　138, 153-157
ホンネ（本音）　26, 28, 29, 47, 101,
　　102, 149, 155

マ　行

マナー　6, 21, 34
マネージメント　13, 146-148, 156

未知への問い　28, 60
密室育児　5, 132, 135-139
ミッチャーリヒ（Mitscherlich, A.）　119

メール　1, 3-6, 16-21, 72, 143,
　　146-150
面接技法　76
メンタルフレンド　38, 54
メンタルヘルス　15, 23, 24, 41-43, 47,
　　50, 51, 53, 83, 107, 159
メンタルヘルス・カウンセリング　ii,
　　50, 51, 143, 145, 146, 155

ヤ　行

役割　27-29, 69, 75, 113, 132, 136,
　　　145, 157
役割行動　27, 29, 82

よい人間関係　26-29, 81, 142, 153,
　　　155-157
幼児虐待　ii, 126, 129, 133, 134,
　　　144
ヨコ社会　26

ラ　行

来談者中心療法　55, 74
LINE　1, 3, 5, 6, 10

リストラ　48, 142, 143, 145,
　　　152-154
リーダーシップ　26, 145, 147,
　　　149, 157
リッチモンド（Richmond, M. E.）　55

リフレーミング　77
了解　56, 57, 62
両義性　i, 27, 28, 74, 81
臨床社会心理学　i, 15, 41, 43, 53,
　　　83, 108, 109, 128, 143, 159, 160
臨床心理士　i, ii, 53, 58, 83, 143,
　　　165, 166
臨床的（clinical）　28, 43, 56, 57, 61, 64
臨床的態度　62
臨床的な視点　43

類型論　62, 63

連続幼女誘拐殺人事件　35, 83

ロジャーズ（Rogers, C. R.）　55
論理療法　74, 153

ワ　行

ワープロ　ii, 30-32, 39, 41
我－それの関係　31, 34
我－汝の関係　31

著者紹介

小川 憲治（おがわ・けんじ）

1947年　東京に生まれる
1970年〜1985年　慶應義塾大学工学部卒業後，システム・エンジニアとして㈱日立製作所，㈱電通国際情報サービスに勤務
1986年　立教大学大学院社会学研究科博士課程前期課程入学
1988年　同課程修了（社会学修士），同後期課程入学
1991年　同大学大学院社会学研究科博士課程後期課程単位取得修了
1991年　＜財団法人＞日本臨床心理士資格認定協会「臨床心理士」
1991年〜1995年　長野大学産業社会学部社会福祉学科助教授
1996年〜2008年　長野大学社会福祉学部教授・学生相談室長
2009年〜2016年　東京工業大学学生支援センター特任教授
現　在　神奈川産業保健総合支援センター産業保健相談員・臨床心理士
　　　　社会福祉法人さくら草特任スーパーバイザー・臨床心理士
　　　　藤沢市立看護専門学校非常勤講師
専　攻　臨床社会心理学（福祉心理学），現象学的人間関係学
　　　　（カウンセリング，グループアプローチ，家庭児童相談等）
著　書　『「コンピュータ人間」―その病理と克服』勁草書房，1988年
　　　　（1990年第5回テレコム社会科学賞奨励賞受賞）
　　　　『〈関係性〉の人間学』（分担執筆）川島書店，1994年
　　　　『ＩＴ時代の人間関係とメンタルヘルス・カウンセリング』川島書店，2002年

ＩＴ時代の人間関係とメンタルヘルス・カウンセリング　増補版

2018年1月22日　第1刷発行
2021年3月30日　第2刷発行

著　者　小　川　憲　治
発行者　中　村　裕　二
発行所　㈲川　島　書　店
　　　　〒165-0026
　　　　東京都中野区新井2-16-7
　　　　電話 03-3388-5065
　　　　（営業・編集）電話 048-286-9001
　　　　FAX 048-287-6070

©2018
Printed in Japan

DTP・風草工房／印刷 製本・モリモト印刷株式会社

落丁・乱丁本はお取替いたします　　　　振替・00170-5-34102
＊定価はカバーに表示してあります
ISBN978-4-7610-0922-9 C3011